Manager la qualité pour la première fois

CONSEILS PRATIQUES

Diagnostic, plan d'action, certification ISO 9001

Éditions d'Organisation
Groupe Eyrolles
61, bd Saint-Germain
75240 Paris Cedex 05

www.editions-organisation.com
www. editions-eyrolles.com

© Groupe Eyrolles, 2006
ISBN : 2-7081-3494-9

Jean MARGERAND
Florence GILLET-GOINARD

Manager la qualité pour la première fois

CONSEILS PRATIQUES

Diagnostic, plan d'action, certification ISO 9001

Éditions
d'Organisation

Sommaire

Chapitre 1

DÉMARRER UNE DÉMARCHE QUALITÉ

Chapitre 2

SE LANCER DANS L'ACTION

Chapitre 3

S'ORGANISER POUR ALLER PLUS LOIN

Chapitre 4

FAIRE VIVRE UNE DÉMARCHE QUALITÉ

Introduction

«La qualité d'un produit ou d'un service est son aptitude à satisfaire les besoins du client.»

Telle est la définition la plus simple de la notion de qualité. Un produit ou un service est de «qualité» si le client est satisfait après son utilisation. A l'inverse, la mauvaise qualité engendrera un sentiment d'insatisfaction.

Ainsi, le seul juge de la qualité dans une entreprise est bien le client!

Se lancer dans une démarche qualité c'est donc d'abord et avant tout, chercher à satisfaire les besoins de ses clients.

L'écoute client, que ce soit à travers les réclamations, les enquêtes de satisfaction ou le recueil de besoin, a une part centrale car c'est elle qui va identifier et comprendre les besoins des clients : dans une démarche qualité, tout va partir du client et se créer autour de lui.

Au cours des cinquante dernières années, la notion de qualité a beaucoup évolué : après-guerre, on avait tendance à associer la notion de qualité à celle de *conformité du produit*. Aujourd'hui on distingue ces deux notions. Un produit conforme à la sortie d'une usine ne répond pas forcément aux besoins de ses clients. Si le produit a été mal conçu, il peut être conforme mais non satisfaisant.

D'ailleurs, c'est le *service contrôle* qui vérifie la conformité du produit par rapport à son cahier des charges, en tenant compte de tolérances et de spécifications définies en interne, et c'est *le service qualité* qui s'assure qu'au final le client est satisfait. C'est *le service qualité* qui va tout mettre en œuvre pour garantir qu'il en sera de même à chaque fois : il faudra mettre en place quelques touches de contrôle mais surtout beaucoup de prévention.

C'est ce que nous allons découvrir ensemble : comment ne plus subir la non qualité mais mettre en place toute une organisation, un système qualité pour garantir qu'au final le client sera satisfait en permanence.

Il faudra avoir une double démarche : l'une autour du produit ou du service acheté par le client, l'autre autour de la relation client dans sa globalité.

Dans la première partie de notre livre nous établirons comment réaliser un diagnostic qualité autour du client, dans la seconde vous verrez comment cet état des lieux aboutit à la mise en œuvre d'un plan d'action pertinent. En troisième lieu, nous repèrerons comment s'organiser pour assurer, du premier coup et à chaque fois la satisfaction du client. Enfin ; nous découvrirons comment faire vivre une démarche qualité en impliquant chacun.

CHAPITRE 1

Démarrer une démarche qualité

1. C'EST QUOI AU JUSTE LA QUALITÉ?

1.1 De la qualité attendue à la qualité perçue

On décrit souvent la recherche de la qualité par quatre phases successives qui partent du client, transitent par l'entreprise pour revenir au client.

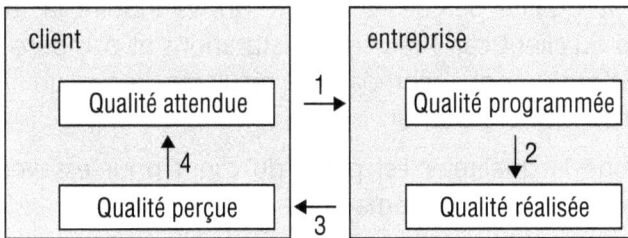

```
┌─────────────────────────┐   ┌─────────────────────────┐
│ client                  │   │ entreprise              │
│  ┌───────────────────┐  │ 1 │  ┌───────────────────┐  │
│  │ Qualité attendue  │  │──▶│  │ Qualité programmée│  │
│  └───────────────────┘  │   │  └───────────────────┘  │
│         ▲ 4             │   │           │ 2           │
│  ┌───────────────────┐  │   │           ▼             │
│  │ Qualité perçue    │◀─│   │  ┌───────────────────┐  │
│  └───────────────────┘  │ 3 │  │ Qualité réalisée  │  │
│                         │   │  └───────────────────┘  │
└─────────────────────────┘   └─────────────────────────┘
```

Le client a vis-à-vis du produit et de l'entreprise un certain nombre de besoins et d'attentes : c'est la qualité attendue.

Mais ces besoins sont de deux niveaux : les uns sont exprimés, les autres sont implicites.

Exemples ▶ Le client exprime le besoin d'une chambre d'hôtel pour deux nuits et deux personnes (besoin explicite), mais il veut aussi qu'elle soit propre, non bruyante (besoin implicite, tellement évident qu'il ne pense même pas à l'exprimer).
Le client veut être livré rapidement, recevoir un colis conforme, mais aussi être servi par un livreur aimable.

L'entreprise va donc s'organiser pour répondre à ces attentes grâce à des activités spécifiques et des processus.

Exemple ▶ Dans l'exemple concernant la livraison, l'entreprise fixe le délai de livraison à 24 heures, met en place du contrôle pour vérifier la conformité des livraisons, forme le personnel.

Cette action de l'entreprise vise la qualité programmée. Mais ce qui est prévu n'est pas toujours au rendez-vous et la qualité réalisée est parfois différente de la qualité programmée.

Exemple ▶ Un camion tombe en panne et la livraison sera faite en 4 jours au lieu d'un, un colis tombe, le produit livré est endommagé, etc.

C'est à partir de ces éléments bien factuels que le client va se faire une opinion sur la qualité de la prestation de l'entreprise : c'est la qualité perçue. C'est elle qui va induire la satisfaction finale du client car il fait ses constatations et compare – inconsciemment ou non – compare les résultats avec ce qu'il attendait – consciemment ou non.

Faire de la qualité, c'est partir du client pour essayer de faire fonctionner ce « circuit magique de la qualité ».

Mais qu'est-ce donc qu'un client ? Il convient ici de bien distinguer le client interne et le client externe, celui qui achète et celui qui utilise.

Exemple ▶ Un fabriquant de petits pots pour bébés a au moins trois niveaux de clients : celui avec qui il passe un contrat (le distributeur) puis celui qui fait ses courses dans le magasin et

> qui doit être séduit par le conditionnement (la mère, le père, le frère ou la sœur), puis celui qui prépare (l'un des précédents) et au final celui qui déguste le plat (le bébé).

Oublier l'un de ces clients serait une erreur car chacun a sa zone d'influence.

✳ UN MOT PARFOIS MAL PERÇU

Il existe des professions où l'utilisation du mot client est parfois farouchement combattue.

Ainsi un médecin peut considérer que traiter ses patients de clients c'est lui faire injure vis-à-vis de l'éthique de sa profession. Il aura quelque difficulté à comprendre que ses patients attendent de lui autre chose que des soins efficaces : la prise en compte de la carte vitale ou une information claire et non technique, être rassuré, être prévenu si l'attente est trop longue, ne plus être traité comme un numéro.

Le mot client est trop souvent attaché à une relation marchande. Pour nous il y a client dès lors qu'une personne est bénéficiaire d'une prestation. Le prestataire est alors son fournisseur.

Cette clarification effectuée, le client identifié, les marchés segmentés, il est maintenant nécessaire de répondre à quelques questions :

❑ Que veulent nos clients ? Quelles sont leurs attentes ?

❑ Qu'allons-nous mettre en place dans notre entreprise pour assurer la satisfaction du client à chaque achat ? (Cette recherche va sûrement nous conduire à raisonner méthode de travail, personnel, moyens.)

❑ Que faire pour garantir que ce que nous avons prévu et écrit sera appliqué systématiquement ? (Nous touchons là à la fois le domaine des ressources et celui du management que nous développerons plus tard.) Quels contrôles réaliser pour assurer la conformité du produit ?

❑ Comment s'assurer ensuite que le client perçoit bien tout ce que l'on a mis en œuvre pour lui ? A ce niveau, on peut être amené à «lui venir en aide» par de la communication ou d'autres moyens (par exemple, l'odeur d'un produit de nettoyage peut améliorer la perception du client sur la propreté d'un immeuble).

✳ ATTENTION À NE PAS DÉVIER DANS CE SCHÉMA...

La SNCF est fière d'annoncer que 90 % des trains de banlieue arrivent à l'heure. Etre à l'heure signifie que le train a au plus 15 minutes de retard. Ceci est la qualité réalisée par la SNCF.

Est-ce à dire pour autant que cette qualité livrée, qui repose sur des mesures objectives, vérifiables, ne laisse que 10 % de clients qui perçoivent que leur train est en retard?

Dans la réalité, la perception de la ponctualité par les voyageurs risque d'être sensiblement différente : 40 % des clients sont prêts à déclarer que «souvent, et au moins 2 fois par semaine», leur train est en retard. Ils percevront leur retard comme plus fréquent.

De plus, et c'est bien connu, les effets du retard seront perçus avec moins d'acuité si les voyageurs ont reçu une information à propos de ce retard :

Un train est arrêté en pleine voie. Les voyageurs ne reçoivent aucune information et finalement le train repart 3 heures plus tard. L'attente sera perçue comme plus acceptable si le contrôleur avertit les voyageurs qu'un retard de 3 heures est prévisible. Après le oh! de réprobation, les voyageurs vont s'organiser, prévenir leurs proches, reporter ou annuler des rendez-vous, se restaurer à la voiture-bar. Les voyageurs vont minimiser les conséquences de cet accident, ce qui va diminuer leur impression de gêne, leur frustration et donc leur insatisfaction.

1.2 Qualité et performance : les enjeux d'une démarche qualité

En cette période de forte concurrence et de forte compétitivité, la qualité délivrée des produits et des services est devenue une nécessité : vendre c'est bien; vendre en ayant la garantie que le client sera satisfait c'est mieux!

Une démarche qualité doit apporter à l'entreprise une réelle valeur ajoutée. Cette valeur ajoutée est la garantie de la satisfaction de ses clients. Et elle est un atout dans la recherche de la fidélisation.

La démarche qualité ne s'inscrit plus comme avant dans une simple relation client/fournisseur. Aujourd'hui, à cause de la forte concurrence, au-delà de la satisfaction des clients, on vise la fidélisation de certains clients, les clients stratégiques.

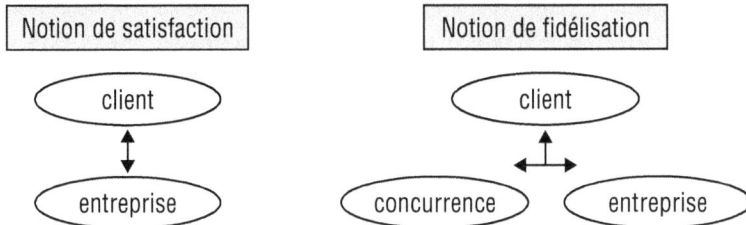

Notion de satisfaction	Notion de fidélisation
client	client
↕	←↑→
entreprise	concurrence entreprise

Les clients ont aujourd'hui plus que jamais le choix entre de nombreux produits qui se ressemblent. Vous lancer dans une démarche qualité c'est chercher à vous différencier par la qualité de vos produits et de vos services pour fidéliser vos clients.

PORTER, le célèbre économiste, parlait d'avantage concurrentiel. Voici une histoire qui illustre cette notion.

❊ UN AVANTAGE CONCURRENTIEL INATTENDU

Quatre explorateurs sont dans le désert : deux Américains et deux Japonais. Leur voiture tombe en panne. Ils ne peuvent pas quitter leur véhicule car dehors les attendent deux lions féroces et passablement affamés.

Le temps passe. La chaleur devient insupportable. Il faut se résoudre à tenter une sortie.

Alors, les deux Japonais se concertent et demandent qu'on leur laisse quelques minutes avant l'évasion. Ils troquent leurs grosses chaussures de marche contre des chaussures de sport NIKE.

Maintenant, ils sont prêts. Au signal, les quatre hommes se ruent à l'extérieur et filent vers le nord, dans la direction opposée à la position des lions. Ceux-ci se jettent à leur poursuite.

Grâce à leurs chaussures de sport, les deux Japonais distancent les Américains. Ceux-ci sont rejoints par les lions qui les dévorent. Repus, les lions s'étendent et s'endorment.

Quelle est la leçon à tirer de cette histoire ?

Rien ne sert de courir vite. L'important c'est de courir plus vite que les autres.

Ce que les Japonais se sont donné c'est le fameux avantage concurrentiel de PORTER.

Cette recherche de différenciation ne se fera pas bien évidemment à n'importe quel prix. L'équilibre satisfaction/rentabilité sera une obsession permanente. Nous aborderons cet aspect économique de la qualité plus loin. Déjà soyez convaincus que si mettre en place une démarche qualité n'est pas gratuit, la non-qualité coûte très cher aux entreprises (réclamations clients, voire perte de clients), coûts des reprises, des rebuts (notions pour l'instant qui restent industrielles…).

| satisfaire | → | séduire, combler | → | fidéliser | → | pérenniser |

La volonté de fidéliser conduit à la volonté de conquête de clients tout à fait satisfaits.

Si vous interrogez les clients satisfaits, vous trouverez deux catégories : ceux qui se déclarent prêts à racheter votre produit ou service et ceux qui ne sont pas disposés à le faire.

En creusant un peu plus, vous allez découvrir que parmi ceux qui vous rachètent, il y a des clients qui ne jurent que par votre produit, par votre société : ce type de clients, c'est la crème des crèmes, les clients tout à fait satisfaits.

Le client satisfait peut considérer que vous n'avez fait que votre devoir.

Exemple ▶ Vous êtes garagiste, un client vous a confié sa voiture pour une réparation. Vous avez réparé son véhicule ; vous vous étiez engagé à finir son véhicule pour 17 heures, il est 17 heures et le véhicule est prêt. Est-il totalement satisfait ?
Pas nécessairement. Il a passé un contrat avec vous, vous avez rempli vos obligations, c'est normal, c'est votre métier. Et d'ailleurs il considère que pour le prix, c'est déjà trop cher ! Et si vous n'êtes pas capable de réaliser cela correctement autant changer de métier. Il est donc simplement satisfait.
Exactement comme le livraison des pizzas minutes. Si vous dépassez le délai de 30 minutes, vous êtes en dehors des standards.

Le client tout à fait satisfait, c'est celui qui considère que premièrement vous avez rempli votre contrat mais que vous avez eu un «plus», je dirais même un «plus plus» par rapport à ce que propose la concurrence : vous l'avez séduit.

Pour faire comprendre la différence entre un client satisfait et tout à fait satisfait, admettons que vous soyez un SAV en appareils média (télévision, DVD, HI-FI…) :

Client insatisfait	Client satisfait	Client tout à fait satisfait
Le produit n'est pas prêt	Le produit est prêt	Le produit est prêt plus tôt que prévu
La facture est supérieure au devis	La facture est conforme au devis	Un bouton a été changé gratuitement. Le téléviseur est nettoyé
Le téléviseur revient endommagé	Le réceptionnaire est aimable	Le réceptionnaire vous aide à charger le téléviseur dans votre voiture

Peut-on appliquer ces notions aux services hors position de concurrence, tels les caisses d'assurance-maladie, les conseils généraux, etc.? Eux aussi reçoivent du public et délivrent des prestations.

D'abord, ce qui est un monopole aujourd'hui ne le sera pas forcément demain.

Exemple ▶ **Ainsi le laboratoire national des douanes chargé d'analyser les produits pour savoir quels droits de douane doivent être appliqués était jusqu'à présent en situation de monopole. Sous la pression des directives européennes, il se voit confronté à la concurrence des laboratoires des autres pays européens et rien ne dit que le laboratoire français conservera toutes ses prérogatives.**

Ensuite, les grands services publics ne peuvent plus ignorer que leurs administrés, habitués à une qualité de service dans le secteur privé, ne toléreront plus très longtemps d'être traités différemment par le secteur public. Certains services publics l'ont tellement bien compris qu'ils sont à la pointe en matière de qualité de service. Et dès qu'un prestataire décide de prendre en compte les attentes du public celui-ci devient une assemblée de clients.

L'administration prend ainsi conscience que ses usagers deviennent des usagers-clients avant de devenir des clients tout simplement.

1.3 Pourquoi cela ne marche pas toujours

Si le concept qualité est simple, son application est parfois délicate voire problématique. Pourquoi ? Nous pouvons repérer quatre dérives fréquentes :

■ Une approche qui reste «ancestrale», avec la tendance à assimiler encore la qualité au contrôle.
Contrôler c'est bien mais pas suffisant. Si vous contrôlez parce que vous savez que vous fabriquez des produits «mauvais» et que vous voulez faire un tri bon/pas bon, c'est en réalité remédier à un échec.
Mettre en place un système qualité, c'est justement rechercher à éviter l'apparition des produits non conformes. C'est réfléchir pour ne plus subir. C'est anticiper.
«Ecrire ce qu'on fait et faire ce que l'on a écrit» : ce principe si souvent entendu est dangereux. Le risque associé est alors de formaliser des pratiques pas forcément pertinentes, d'écrire sans se poser de questions, sans apporter un regard critique aux façons de faire.

On peut écrire ce que l'on fait si cela sert à se poser les bonnes questions et à remettre en cause son organisation.
Partir du client, écrire ce que l'on fait et le remettre en cause, formaliser cette remise en cause, c'est mieux !

Et puis et surtout rechercher en permanence à s'améliorer c'est encore mieux : une réclamation client, un dysfonctionnement constituent de formidables opportunités de progrès si on réfléchit aux moyens à mettre en place pour que ceux-ci ne puissent pas se reproduire.

■ Une direction qui ne donne ni l'impulsion nécessaire ni la place souhaitable à la qualité dans sa stratégie. Le positionnement dès le départ de la démarche qualité comme un axe de développement est une condition de réussite. Au-delà de la direction, c'est l'ensemble du management qui doit intégrer cette notion. La qualité n'est pas un «truc» que l'on rajoute aux activités, elle fait partie intégrante du fonctionnement de l'entreprise. Les résultats qualité ne sont pas ceux du service qualité mais de tous les services.

■ Un service qualité parfois trop administratif qui construit des usines à gaz peu opérationnelles et à faible valeur ajoutée pour le client.
Formaliser c'est bien, construire c'est essentiel, mais les meilleurs services qualité sont ceux qui ont réussi à intégrer la qualité dans le fonctionnement normal de l'entreprise. Le responsable qualité travaille ainsi à sa perte... Il ne fait pas, il coordonne ; il ne construit pas, il donne à chacun la possibilité de participer à l'élaboration du système qualité. Il ne vit pas de concepts, il est dans l'action ; il ne dit pas comment faire, il fait jaillir les bonnes pratiques.
Chaque élément d'un système qualité doit apporter de la valeur à l'entreprise et/ou au client.
La qualité apporte de la rigueur, en aucun cas de la rigidité !

■ Le client est parfois oublié : on prend en compte uniquement les résultats internes, ceux du contrôle pour juger le niveau qualité de l'entreprise. Alors que c'est au sein des services marketing, conception que l'on identifie les besoins des clients.

QUIZ

Vous qui désirez vous lancer dans la grande aventure, avez-vous mis tous les atouts de votre côté?

	Oui tout à fait!	Non pas vraiment
La direction est sincèrement engagée dans la démarche		
Elle est persuadée de la valeur ajoutée d'une démarche qualité		
La direction s'est assurée de l'implication des managers		
Votre objectif est de ne plus subir la non-qualité		
Vous voulez travailler en amont; anticiper les défaillances plutôt que de mettre en place des quantités de contrôles		
Le responsable qualité est pour vous plus un coordinateur qu'un donneur de leçon		
La remise en cause est acceptée		
Vous acceptez le jugement du client		

Corrigé du QUIZ

Les oui étaient de rigueur!

	commentaires
La direction est sincèrement engagée dans la démarche	Condition indispensable
Elle est persuadée de la valeur ajoutée d'une démarche qualité	Ouf! c'est mieux
La direction s'est assurée de l'implication des managers	Chaque manager est un relais incontournable
Votre objectif est de ne plus subir la non-qualité	Refusons la fatalité! privilégions l'anticipation
Vous voulez travailler en amont; anticiper les défaillances plutôt que de mettre en place des tas de contrôles	Cela coûtera moins cher
Le responsable qualité est pour vous plus un coordinateur qu'un donneur de leçon	Et vous avez raison!
La remise en cause est acceptée	C'est nécessaire si on veut progresser
Vous acceptez le jugement du client	C'est lui qui peut dire si oui ou non les produits sont de qualité Le service contrôle, lui, mesure la conformité des résultats

2. QUE SAVEZ-VOUS DE VOS CLIENTS?

2.1 La place du client dans votre entreprise

Nous l'avons vu, le client est au cœur des systèmes qualité. Dans le cadre d'une démarche qualité, toute la logique va être centrée sur la satisfaction des attentes des clients.

Le discours, les actes, les indicateurs, tout va converger pour montrer à l'ensemble du personnel l'importance à attribuer aux clients.

QUIZ

Aujourd'hui où en êtes-vous, quelle place donnez-vous à vos clients?

	Plutôt oui	Plutôt non
Les clients sont avant tout considérés comme une source de chiffre d'affaires		
Ils sont visités uniquement par les commerciaux qui ont quelque chose à leur vendre		
Un client mécontent qui réclame au téléphone : on lui demande d'adresser une réclamation écrite !		
Vos clients ont tendance à réclamer : normal, ils ne sont jamais contents !		
Un client qui ne dit rien est un client satisfait		
Votre client c'est celui qui vous passe le contrat		
Allez demander à un client son avis est forcément dangereux : il va vous dire qu'il n'est pas satisfait !		
Vous invitez un client à réclamer, vous lui facilitez l'expression		
N'importe qui dans votre entreprise peut enregistrer une réclamation		
Un client mécontent est rappelé sous 48 heures		
Une écoute client formelle est réalisée au moins 1 fois tous les deux ans		
Après achat, vous recontactez le client pour connaître son niveau de satisfaction		
Vous exploitez les suggestions de vos clients		
Il existe chez vous au moins un indicateur qui reflète la satisfaction de vos clients		
Vous suivez le taux de fidélisation de vos clients		
Vous connaissez vos concurrents et surtout leurs produits/services		
Vous êtes conscients que vos clients sont volatiles et qu'un client satisfait n'est pas forcément fidèle		

Partons de ce QUIZ pour aborder quelques fondamentaux :

■ Les clients sont avant tout considérés comme une source de chiffre d'affaires.
Oui, ils vous apportent un chiffre d'affaires et peuvent recommander l'entreprise auprès de prospects. Mais au-delà de ces aspects, le client est avant tout celui à qui vous devez apporter un produit/service conforme à ses attentes. Il vous faut donc savoir dire non à un client que vous risquez de décevoir.

■ Ils sont visités uniquement par les commerciaux qui ont quelque chose à leur vendre.
Attention, le client apprécie aussi que l'on fasse des points avec lui sur sa perception et ses besoins latents.

■ Un client mécontent qui réclame au téléphone : on lui demande d'adresser une réclamation écrite !
Si vous avez répondu plutôt faux à cette question, vous allez dans la bonne direction. Si votre client est mécontent, qu'il vous l'exprime par téléphone, à vous de recueillir les informations nécessaires pour enregistrer cette plainte.

■ Vos clients ont tendance à réclamer : normal ils ne sont jamais contents !
Une réponse oui est-elle vraiment sérieuse ?
« Si le client n'est pas content, ce n'est pas notre faute ! », « Le client aurait dû nous préciser qu'il n'a pas fait attention à… »
On entend souvent cela dans les entreprises où l'on pense parfois que les dysfonctionnements sont la faute du client. L'entreprise est focalisée sur son produit et considère que le client doit s'adapter.
Les entreprises réellement orientées client considèrent au contraire de leur responsabilité de bien comprendre les besoins de leurs clients avant de concevoir, fabriquer, vendre.

■ Un client qui ne dit rien est un client satisfait.
Attention ! sûrement pas. Un client silencieux n'est pas forcément content. Il n'ose peut-être pas s'exprimer ou attend une occasion d'aller voir ailleurs. Autre cas de figure : il ne s'exprime pas car il pense que vous ne ferez rien pour lui.

▪ Aller demander à un client son avis est forcément dangereux : il va dire qu'il n'est pas satisfait.
Ce qui est dangereux c'est plutôt de ne jamais demander leur avis à ses clients !

▪ Vous invitez un client à réclamer, vous lui facilitez l'expression.

▪ N'importe qui dans votre entreprise peut enregistrer une réclamation.

▪ Un client mécontent est rappelé sous 48 heures.
Trois réponses oui à ces trois questions montrent une réelle orientation client. Les entreprises performantes en qualité sont celles où le client est invité, aidé à s'exprimer de manière constante. Les circuits de recueil d'informations sont nombreux et chaque personne en contact avec le client qui perçoit un mécontentement de sa part peut et doit l'enregistrer et le transmettre aux personnes concernées.

Exemple ▶ **Voyez le cas de la SNCF. le train a 2 heures de retard. Le contrôleur passe et remet aux voyageurs une lettre T pour recueillir la réclamation. C'est une bien meilleure solution que de demander aux voyageurs de se présenter à un guichet pour poser leur réclamation.**

▪ Une écoute client formelle est réalisée au moins une fois tous les deux ans.
Oui, bravo ! L'entreprise orientée client concentre son attention sur ses clients pour détecter sans cesse des évolutions de besoins, des sources d'améliorations.

▪ Après achat, vous recontactez le client pour connaître son niveau de satisfaction.
Un oui exprime la volonté des entreprises qui anticipent. Plutôt que d'enregistrer et de subir les réclamations elles cherchent aussi à connaître globalement le niveau de satisfaction.

▪ Vous exploitez les suggestions de vos clients.
Vous avez répondu non ? Dommage, vous vous privez de la possibilité d'améliorer vos produits et vos services à moindre coût !

▨ Il existe au moins chez vous un indicateur qui reflète la satisfaction de vos clients.
Oui un, c'est un minimum !

▨ Vous connaissez vos concurrents et surtout les produits/services de vos concurrents.
Non ? Attention ne restez pas dans une relation client/fournisseur. Vous n'êtes pas seuls au monde et risquez d'être pris de vitesse par la concurrence.

▨ Vous êtes conscients que vos clients sont volatiles et qu'un client satisfait n'est pas forcément fidèle.
Oui ? Bravo !

Pour qu'un réel partenariat s'établisse entre le client et l'entreprise, la direction doit définir l'objectif de sa démarche qualité dans sa relation avec lui.

Plusieurs niveaux de relation de l'entreprise avec le client sont possibles :

Type d'entreprise	Commentaires
Entreprise refermée sur elle-même	Elle n'entend pas, ne veut pas entendre le client au-delà de la relation purement commerciale
Entreprise curative	Elle traite les réclamations importantes du client de peur de le perdre
Entreprise « bonne conscience »	Demande l'avis de ses clients sur son niveau de prestation mais n'en fait rien
Entreprise préventive	Elle a réfléchi aux dysfonctionnements possibles, a mis en place les contrôles et les moyens nécessaires pour assurer à ses clients le niveau qualité visé
Entreprise proactive	Elle sait écouter ses clients, détecter leurs propositions d'améliorations, désamorcer les sujets de réclamations, être la première à répondre aux besoins latents

2.2 Faire le bilan des attentes du client

Nous avons vu que la satisfaction du client passait par la réponse à ses attentes. Les connaître et leur donner un sens en les structurant est donc indispensable. Heureusement, écouter le client, c'est assez facile.

Il s'agit de faire le point sur ses exigences par une étude qualitative des besoins qui comprend quatre phases :

- Le recueil de l'information
- L'analyse des attentes
- La sélection
- La formalisation

■ Recueil de l'information

Le recueil se fait par entretiens semi-directifs au cours desquels les questions posées seront très générales, par exemple :

- Qu'attendez-vous de notre entreprise de manière globale ?
- Pourquoi nous avez-vous choisis ?
- Quels sont les critères d'évaluation de vos fournisseurs ?
- Qu'est-ce qui pourrait vous faire changer de fournisseur ?
- Qu'aimez-vous chez nous ?
- Qu'appréciez-vous le moins ?
- Qu'attendez-vous de notre produit/service ?
- Quelle serait pour vous l'entreprise idéale ?

Ces interviews très riches, durent environ une heure et sont l'occasion de faire exprimer aux clients de façon formelle ce qu'ils attendent de leur fournisseur et du produit délivré.

La règle d'or lors de ces entretiens est d'accepter tout ce que dit le client sans chercher le cas échéant à se justifier ou à trouver des solutions. Le but n'est pas de parler de soi, il est d'écouter le client.

Les entretiens (souvent 10 à 12 suffisent) peuvent aussi être réalisés en groupe mais cela nécessite de plus importantes compétences d'animation.

■ Analyse des attentes

Dans le compte rendu des interviews, repérez les attentes et notez-les sur des post-it.

Attention, il faut bien distinguer une solution proposée par le client et sa véritable attente.

Exemple ▶ Si le client vous dit « j'aimerais qu'une hôtesse soit présente dans votre hall d'accueil», son attente est plutôt «j'ai besoin d'informations pour pouvoir m'orienter dans votre hall d'accueil».

Ce travail pour bien formuler les attentes est important car il évite de se limiter aux solutions envisagées par le client (dans notre exemple : hôtesse peut être, mais aussi tableau d'information, borne interactive, etc.).

■ Sélection des attentes en fonction de votre objectif

Affichez les post-it au mur, regroupez les attentes redondantes en notant le nombre de fois où elles ont été exprimées. Puis sélectionnez les attentes clés.

A ce stade il est évident que l'objectif associé à cette écoute est important :

- Si vous recherchez à bien comprendre les attentes actuelles de vos clients, vous sélectionnerez les attentes le plus souvent exprimées et/ou qui sont des attentes implicites.
- Si vous connaissez déjà bien les exigences actuelles des clients et que vous voulez vérifier si les besoins ont évolué, vous sélectionnerez plutôt les attentes originales.

Une autre manière d'envisager la question est de définir si vous voulez être leader sur votre marché : dans ce cas vous cherche-rez un positionnement qui vous différencie de vos concurrents.

Dans l'hypothèse où vous adoptez une stratégie de suiveur, vous ciblerez plutôt les attentes actuelles.

■ Formalisation

Regroupez ensuite les post-it retenus (au nombre de 20-25) par thème pour construire un diagramme en arbre.

Exemple ▶ **Pour un cabinet dentaire**

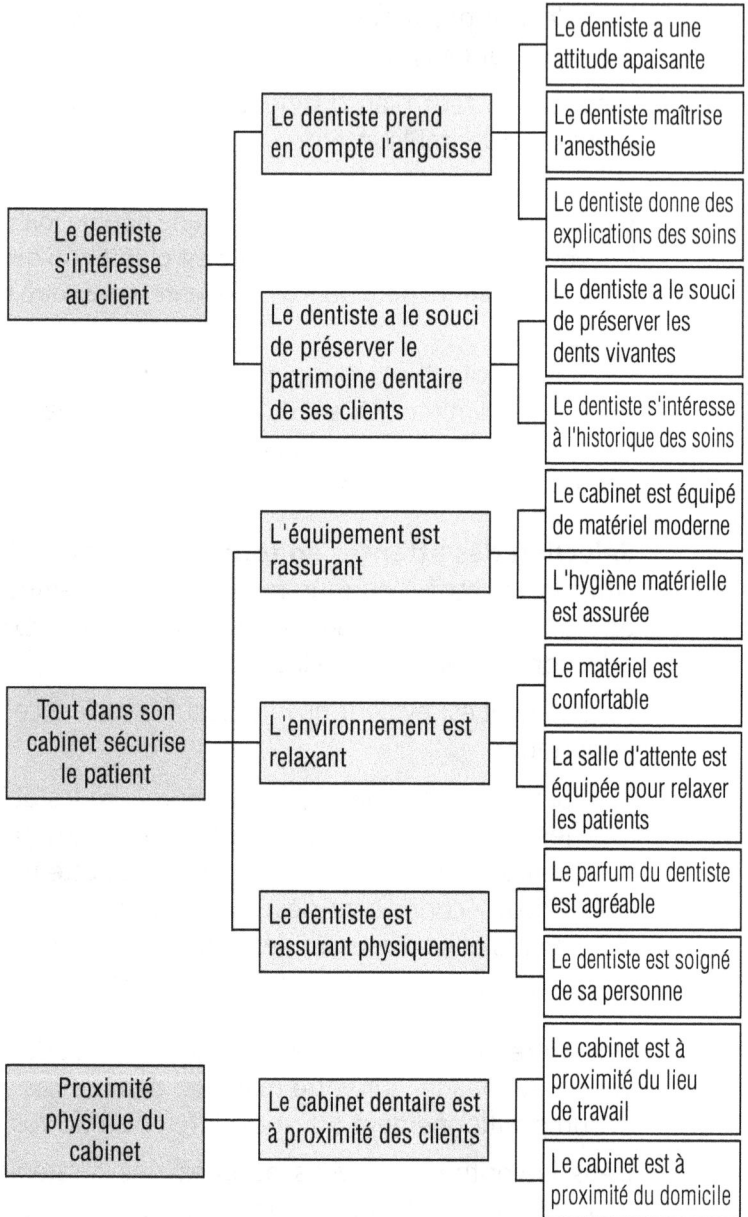

			Le dentiste a une attitude apaisante
		Le dentiste prend en compte l'angoisse	Le dentiste maîtrise l'anesthésie
			Le dentiste donne des explications des soins
Le dentiste s'intéresse au client		Le dentiste a le souci de préserver le patrimoine dentaire de ses clients	Le dentiste a le souci de préserver les dents vivantes
			Le dentiste s'intéresse à l'historique des soins
		L'équipement est rassurant	Le cabinet est équipé de matériel moderne
			L'hygiène matérielle est assurée
		L'environnement est relaxant	Le matériel est confortable
Tout dans son cabinet sécurise le patient			La salle d'attente est équipée pour relaxer les patients
		Le dentiste est rassurant physiquement	Le parfum du dentiste est agréable
			Le dentiste est soigné de sa personne
Proximité physique du cabinet		Le cabinet dentaire est à proximité des clients	Le cabinet est à proximité du lieu de travail
			Le cabinet est à proximité du domicile

Au final on dispose d'une feuille A4 où sont notées les attentes des clients cibles. Les thèmes pourront être le produit et le service (conformité produit et qualité de service) et les services associés.

Conseil ▶ **Même si les commerciaux, le marketing sont persuadés de bien connaître les attentes de leurs clients, cet exercice de mise en forme sera un élément clé de communication. Ce sera aussi l'occasion de confronter les représentations internes, les convictions aux exigences réelles des clients. Au jeu des 7 différences : les attentes de ses clients vues par l'entreprise, les attentes des clients vues par les clients, on est souvent surpris !**

Cette étude pourra judicieusement être validée par un échantillon cible de clients qui annoteront l'importance qu'ils attribuent aux attentes exprimées (très important, important, peu important).

2.3 Anticiper les besoins de vos clients

Nous avons vu que l'entreprise peut se trouver à plusieurs niveaux d'écoute-clients qui se traduisent par trois degrés de maturité :

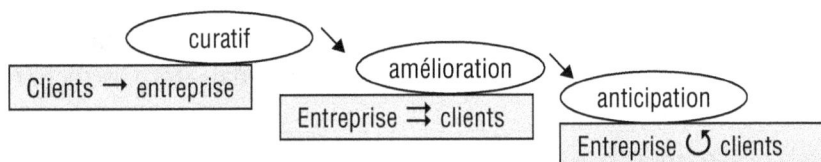

Niveau 1 : niveau curatif

C'est le niveau de l'écoute des clients mécontents et de la recherche de la maîtrise des dysfonctionnements : les clients contactent l'entreprise en cas d'insatisfaction ; on traite les réclamations ; on lance ponctuellement des actions correctives et l'indicateur utilisé est le nombre de réclamations.

Niveau 2 : niveau d'amélioration

C'est le niveau d'écoute globale des clients et de mesure de leur niveau de satisfaction. L'entreprise va vers ses clients pour recueillir leur sentiment de satisfaction. A la suite du constat, un plan d'action global est déclenché pour améliorer les pratiques et les comportements. L'indicateur utilisé est le pourcentage de clients très satisfaits.

▨ Niveau 3 : niveau d'anticipation

Le client est considéré comme un véritable partenaire de l'entreprise, il est intégré très en amont, dès les études marketing, et va participer à l'amélioration permanente des processus.

L'indicateur pourrait être le nombre de suggestions clients prises en compte.

A ce stade, l'entreprise veut être la première à répondre aux besoins latents de ses clients.

Largement développée par SHIBA, la conception à l'écoute des clients peut permettre aux entreprises leaders de conforter leur position en matière d'innovation.

Travailler sur ces besoins latents, c'est rechercher non pas une amélioration continue mais plutôt une innovation de rupture : c'est indispensable si l'entreprise veut être la première à mettre sur le marché un produit innovant.

La recherche des besoins latents se fera auprès de clients dont on a identifié un réel potentiel de créativité. On recherche les tendances.

A ce niveau, l'observation des clients est très riche d'enseignements, mais ce sont encore les entretiens qui vont nous permettre d'identifier de nouveaux besoins.

L'interview est alors concentrée sur le futur :

- qu'attendez-vous en terme d'évolutions de notre produit ?
- quel serait pour vous le produit de demain ? le produit idéal ?
- vous fermez les yeux et vous imaginez notre produit dans 50 ans : que voyez-vous ?

2.4 Mesurer la satisfaction de vos clients

Une fois les attentes connues, il est important de savoir comment les clients, dans leur vécu, perçoivent les produits et services qui leur sont délivrés.

Cette enquête peut se faire par courrier, mail, par téléphone ou en face-à-face. Chaque méthode a ses avantages et ses inconvénients.

Méthode	Avantages	Inconvénients
Face-à-face	Réactivité Possibilité de rencontrer plusieurs interlocuteurs Possibilité de commentaires sur le produit (démonstration) Possibilité de demander des informations complémentaires	Coûteux, surtout en cas d'éloignement géographique Risque de manque d'objectivité due à l'interviewer Limite la quantité possible d'interviewés
Téléphone	Réactivité Possibilité de contacter des clients éloignés Possibilité de demander des informations complémentaires	Coûteux (moins que le face-à-face) Demande du personnel qualifié Difficulté d'obtenir la personne au téléphone Durée limitée du questionnaire Evolution possible du questionnaire
Mail/ courrier	Permet de travailler sur des grands nombres (étude statistique) Coût peu élevé Peut faciliter l'échange en cas de nationalités différentes	Délais de réponse non maîtrisés Taux de réponse incertain Doute sur celui qui répond Pas de possibilité de reprise en cas d'incompréhension d'une question

Il s'agit donc de réaliser une enquête quantitative de la satisfaction par questionnaire.

Dans tous les cas un questionnaire sera élaboré. Il vise à recueillir le niveau de satisfaction des clients pour chacune des attentes identifiées. Ce niveau est évalué sur des échelles :

Une échelle de note
Noter la qualité de notre accueil de 0 à 10 (0 si vous êtes très insatisfaits 10 si vous êtes totalement satisfaits)

■ Une échelle de sentiment

Que pensez-vous de nos délais de livraison ?

❏ très satisfait,   ❏ satisfait,   ❏ peu satisfait,   ❏ insatisfait

comment jugez-vous notre capacité à vous conseiller ?

❏ excellente,   ❏ bonne,   ❏ moyenne,   ❏ mauvaise

■ Une échelle d'accord sur une affirmation

Que pensez-vous de cette affirmation : nos horaires sont adaptés à vos besoins :

❏ *tout à fait d'accord,*   ❏ *d'accord,*
❏ *moyennement d'accord,*   ❏ *pas d'accord*

■ Une échelle visuelle de sourire par exemple

Dans tous les cas, il vaut mieux utiliser la même échelle pour toutes les attentes et conserver cette échelle d'une enquête à l'autre pour pouvoir exploiter et comparer les résultats au cours du temps.

☺ ☺ ☹ ⚡

✂ QUELQUES CONSEILS POUR CONSTRUIRE VOTRE ENQUÊTE

- Une introduction simple, courte qui donne envie
- Peu de questions (préférer le format A4)
- Inciter à la réponse (enveloppe T, mail, cadeau)
- Regrouper les questions par thème logique (s'appuyer sur le diagramme en arbre des attentes)
- Eviter la négation qui complique la compréhension des questions
- Utiliser des mots simples
- Poser une seule question à la fois
- Limiter les questions : le questionnaire doit pouvoir être rempli en 5 minutes
- Profiter de l'enquête pour demander aux clients, en plus de leur niveau de satisfaction, l'importance qu'ils attribuent à leur attente
- Assurer que l'enquête est ancrée dans un plan global d'amélioration et qu'elle sera suivie d'actions dans l'entreprise
- Laisser un espace d'expression libre pour le client (dysfonctionnements, remarques, suggestions…)
- Poser une question globale en final

Exemple d'enquête de satisfaction (cabinet dentaire)

Chère Madame, cher Monsieur,

Vous êtes client(e) de notre cabinet et je vous remercie de votre confiance.

Soucieux d'améliorer en permanence la Qualité de nos prestations, nous souhaitons connaître votre appréciation à l'égard de notre service au travers du questionnaire ci-joint.

Pour que votre opinion soit bien prise en compte, je vous remercie de renvoyer votre réponse avant le 3 janvier en utilisant l'enveloppe réponse ci-jointe sans l'affranchir.

Restant à votre disposition pour tout renseignement, je vous prie d'agréer, Chère Madame, Cher Monsieur, l'expression de mes sentiments dévoués.

Que pensez-vous ?	Très satisfait ☺	Satisfait ☺	Peu satisfait ☹	Insatisfait ⚡	Commentaires
De la situation de notre cabinet par rapport à : - Votre travail, - Votre domicile.					
Du confort de la salle d'attente.					
De la tenue vestimentaire des dentistes.					
Du confort de notre matériel.					
De l'explication des soins donnée par les dentistes.					
De la propreté du matériel.					

.../...

Que pensez-vous?	Très satisfait ☺	Satisfait ☺	Peu satisfait ☹	Insatisfait ⚡	Commentaires
De notre souci de conserver les dents de nos patients, vivantes.					
De l'attitude du dentiste (suffisamment apaisante).					
De notre souci d'intégrer l'historique de vos soins dentaires.					
De la modernité de l'équipement.					
En conclusion, que pensez-vous de nos prestations?					

Qu'aimeriez-vous ajouter?

2.5 Savoir capter l'insatisfaction des clients

Un client qui émet une réclamation est un client qui vous aime! Pourquoi? Parce qu'il vous donne une chance de le reconquérir et de progresser. (Une réclamation est l'expression orale, écrite, formelle ou non, du mécontentement d'un client.)

Un client mécontent qui ne dit rien est dangereux pour votre entreprise (comme vous avez pu l'être si par exemple en sortant d'un restaurant vous décidez de ne pas y retourner car vous avez trouvé le service très moyen. Si vous ne l'avez pas exprimé au patron, il ne saura jamais pourquoi il a perdu un client!).

Pour recueillir les insatisfactions de vos clients, vous disposez de multiples sources :

– ce que vous savez personnellement des clients;
– ce que le personnel sait (toute personne en contact avec les clients, si elle est à l'écoute, a sûrement déjà enregistré

de façon formelle ou non des expressions d'insatisfaction. Allez les interroger. Vous recueillerez de précieuses informations);
- ce que vous allez découvrir en étudiant des dossiers, en interviewant des personnes : pourquoi ce client nous a-t-il quittés, pourquoi ce client nous achète-t-il moins depuis deux ans ?
- ce que disent les réclamations et les enquêtes de satisfaction dont vous disposez déjà;
- ce que pensent les commerciaux en contact permanent avec les clients et qui font des bilans réguliers avec eux.

Pour capitaliser votre effort, vous devrez peut-être à ce stade mettre en place une organisation de recueil systématique des réclamations.

Cela nécessite de se poser 3 questions clés :

- Qui peut être potentiellement récepteur d'une réclamation dans l'entreprise ?
- Comment sera enregistrée la réclamation, sur quel support ?
- A qui doivent être transmises ces réclamations ?

Ces règles peuvent être écrites dans une procédure ou simplement dans un guide « nos pratiques pour traiter efficacement une réclamation » comme nous verrons plus loin (chapitre 2).

Mais pour l'instant vous avez juste besoin des informations essentielles qui vous permettront de comprendre les sources majeures d'insatisfactions de vos clients.

2.6 Faire une synthèse

Récapitulons. A ce stade, vous disposez d'un certain nombre d'informations capitales qui vont vous permettre de vous concentrer sur vos clients et de mettre en œuvre un plan d'action visant à améliorer leur satisfaction :

- Les attentes clés de vos clients
- Le % de clients satisfaits et le % de clients insatisfaits

- Le nombre et le type de réclamations
- Vos points forts et les points d'insatisfaction clients

Il vous reste à faire le bilan de toutes ces précieuses données.

Cette synthèse est aussi et avant tout destinée à la direction, aux managers pour les sensibiliser et leur donner envie d'agir.

Partir de données factuelles est une des conditions de réussite, une façon de formuler clairement la perception de vos clients.

Exemple de Bilan qualité (société de production de pièces mécaniques)
Les trois attentes clés de nos clients : Rapidité de livraison Quantité exacte livrée Conformité des produits (dimension)
Niveau de satisfaction de nos clients : 60 % de clients très satisfaits 30 % satisfaits 10 % insatisfaits
Taux de fidélisation : 90 % sur 3 ans
% de réclamations/livraisons : 3 %
Cause principale de réclamations : quantité livrée
Nos points forts : réactivité, amabilité, conformité produit, délai de livraison
Délai moyen de traitement d'une réclamation (réponse clients) : 10 jours
Axes de progrès : 1. Aujourd'hui les réclamations orales adressées aux commerciaux ne sont pas systématiquement prises en compte 2. Améliorer les quantités livrées

3. MESURER LA NON-QUALITÉ DANS VOTRE ENTREPRISE

3.1 Faire un bilan des dysfonctionnements internes

Une première approche très globale permet de réfléchir à la non-qualité créée par l'entreprise. Par non-qualité, on entend :

- la non-satisfaction des clients,
- et aussi la non-réalisation de ce qui est prévu (en interne aussi),
- ou la réalisation de ce qui n'est pas prévu : inutile ou pas.

L'analyse des dysfonctionnements possibles à l'aide des 3 cercles d'EULER complète celle des 4 éléments de la qualité : qualité attendue/qualité programmée/qualité réalisée/qualité perçue.

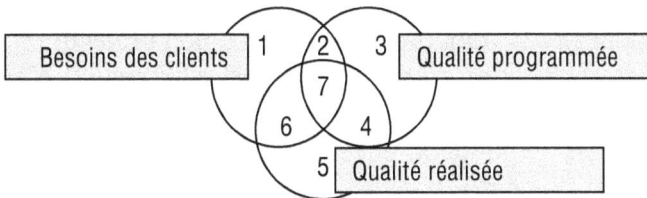

Le 1er cercle est le cercle des besoins du client (qualité attendue)
Le 2e cercle est celui de la qualité programmée
Le 3e cercle est celui de la qualité réalisée.

Il est entendu que nous visons une situation idéale matérialisée par les trois cercles se couvrant de façon parfaite : tous les besoins des clients sont pris en compte dans l'entreprise, et nous réalisons à chaque fois ce qui est prévu, donc le client est content à tous les coups ! Cela se schématise ainsi :

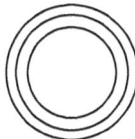

Mais dans la réalité tout n'est pas aussi idyllique et les sources de dysfonctionnement nombreuses.

Sur le schéma, les intersections des 3 cercles permettent de délimiter 7 espaces numérotées de 1 à 7.

L'espace N° 1 : Il contient les besoins des clients qui ne sont pas encore pris en compte par l'entreprise. C'est une zone d'insatisfaction.

L'espace N° 2 : Le client manifeste un besoin auquel l'entreprise décide de répondre. L'entreprise s'engage de façon contractuelle ou pas à répondre à son besoin. Mais comme cet espace n'est pas dans le cercle de la qualité réalisée, le client est mécontent car on ne lui fournit pas le produit ou service attendu.

L'espace N° 3 s'insère dans le cercle de la qualité programmée. L'entreprise définit sa qualité sur un périmètre qui ne fait pas partie des besoins du client car l'on est extérieur au cercle des besoins. Cette conception est de la surqualité qui a un coût pour l'entreprise. Le client ne voit pas le produit réalisé; il y est donc indifférent.

L'espace N° 4 appartient aux cercles de la qualité programmée et de la qualité réalisée. Un produit est conçu et réalisé mais il ne répond pas à un besoin du client. Le client y est indifférent, il n'est pas demandeur, et l'entreprise va subir un fort surcoût.

L'espace N° 5 appartient au cercle de la qualité réalisée mais n'est pas inclus dans les 2 autres cercles. On réalise des produits ou des services qui ne répondent pas aux besoins du client. C'est encore un domaine de surqualité pour l'entreprise, de surcoût sans incidence sur la satisfaction du client.

L'espace N° 6 est intéressant; Un produit ou service est délivré au client, correspondant à son besoin (l'espace 6 appartient au cercle des besoins et de la qualité réalisée). Mais comme on est extérieur au cercle de la qualité programmée, il n'est pas sûr que l'on saura répéter cette qualité. C'est de la qualité «coup de chance».

L'espace N° 7 est l'idéal. Situé à l'intersection des 3 cercles, le client est satisfait, un produit ou service correspond à ses besoins. Pour l'entreprise, une commande a été reçue, un produit a été conçu, réalisé et livré en cohérence avec les exigences client.

En définitive, on retrouve des situations qui doivent être améliorées par l'entreprise.

Pour éliminer les coûts des surqualité des espaces 3, 4, 5, il faut centrer les activités de conception et de réalisation sur les besoins du client.

Le domaine 6 doit basculer en 7 en contractualisant avec le client et en passant au préalable par l'étape de la qualité programmée.

Les espaces 1 et 2 sont le domaine de l'insatisfaction client. Le client est en droit de réclamer. Si l'entreprise ne réagit pas, le client est perdu. Ce sont aussi des espaces de surfidélisation potentielle, car si l'on sait traiter rapidement cette réclamation et bien le faire, le client peut se retrouver à nouveau très satisfait de son traitement et rester fidèle.

En conclusion, ceci démontre que la qualité d'un produit, c'est la satisfaction du client au meilleur coût pour l'entreprise.

Pour recenser toutes ces anomalies, ces problèmes vécus en interne, le mieux est de faire des points avec le personnel, par service ou par équipe et de leur demander de lister :

- les dysfonctionnements qui affectent le client,
- les dysfonctionnements qui les affectent, tout ce qu'ils aimeraient voir disparaître s'ils disposaient d'une baguette magique…

Il est possible pour faciliter le recueil de l'information sur les dysfonctionnements de remplir des fiches à cet effet.

Dysfonctionnement	Service/équipe
Conséquence : • clients • internes • coûts	Fréquence : • + 4 fois par mois • 1 à 4 fois par mois • -1 fois par mois
Commentaires	

Ces dysfonctionnements constatés sont étudiés sous l'angle de l'impact interne, de l'impact client mais aussi en terme de coûts. Crosby a insisté sur l'importance de parler, pour la qualité, le langage de l'entreprise : celui de l'argent.

3.2 Parlons argent : chiffrer la non-qualité

Le coût de la non-qualité, c'est celui des dysfonctionnements internes et la non-satisfaction des clients (réclamations). C'est aussi une augmentation du prix de revient réel du produit et donc des bénéfices en moins.

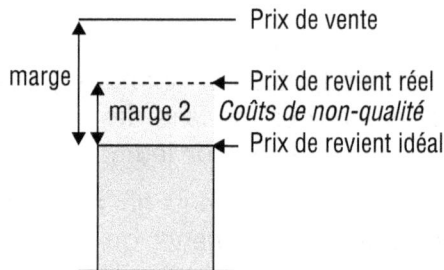

Pour calculer les coûts de non-qualité (CNQ), on classe la non-qualité en deux types :

- la non qualité interne (celle qui est détectée à l'intérieur de l'entreprise, suite à des contrôles par exemple),
- et la non-qualité externe (détectée par le client).

La non-qualité externe coûte plus cher que la non-qualité interne. Cela est logique car plus tôt le produit non-conforme sera arrêté moins il aura coûté à l'entreprise en terme de coûts de production : si le client détecte un défaut, il pourra refuser la réception, renvoyer votre livraison et exiger des pénalités.

Si on regarde les deux rubriques coûts de non-qualité externes et coût de non-qualité internes et que l'on compare trois usines de production :

Entreprise A	Entreprise B	Entreprise C

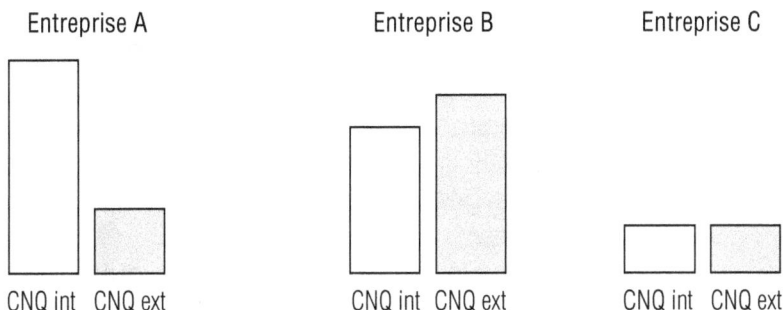

| CNQ int   CNQ ext | CNQ int   CNQ ext | CNQ int   CNQ ext |

L'entreprise A a beaucoup de défaillances internes (elle contrôle beaucoup et repère les produits défectueux avant qu'ils ne partent chez le client) et peu de défaillances externes. Ses contrôles sont efficaces. Elle n'anticipe pas l'apparition de défectueux mais sait les arrêter avant qu'ils ne passent chez le client; son système qualité est efficace mais coûte cher (peu efficient).

L'entreprise B a aussi beaucoup de contrôles, elle détecte la non-qualité mais le client est malgré tout beaucoup touché; le système coûte cher et n'est pas efficace vis-à-vis du client.

Entreprise C : un système efficace et efficient. Peu d'anomalies constatées en interne car le processus de réalisation est maîtrisé et les clients sont satisfaits car très peu touchés par les défauts.

Entrons dans le détail des coûts de non-qualité.

▓ Causes principales de la non-qualité interne
- – Les rebuts (perte de produits en fabrication due à une non-qualité, le produit est irrécupérable et doit être jeté).
- – Les retouches : un produit ou un service doit être refait. Il n'a pas été bon du premier coup. Que cela soit des heures de fabrication, des heures de conception, ce sont des coûts de non-qualité.

- Des heures de dépassement non prévues : on avait budgété x heures de travail, on y passe +10 %.
- Le traitement du produit non-conforme : à la suite d'un contrôle, vous avez détecté un produit non-conforme; il faut arrêter la chaîne, isoler le lot, faire une réunion pour réfléchir aux décisions à prendre; ce sont des coûts anormaux.
- Un sur stock mis en place pour être certain de livrer le client malgré des pannes machines, des incidents qualité. L'immobilisation du stock coûte à l'entreprise.
- Idem en stock mais sur les produits obsolètes, périmés (produits finis ou composants, ou matière première). Une mauvaise gestion du stock, une prévision erronée peut coûter cher.
- Toute activité réalisée et sans valeur ajoutée (une étude qui ne sert à rien, un archivage inutile, une opération faite en double).
- La sur-qualité (un fromage qui pèse 1 g de plus en moyenne sur l'année peut représenter des pertes importantes).

▓ Causes principales de la non-qualité externe
- Les pénalités de retard
- Les indemnités/des avoirs/une ristourne demandés par le client à la suite d'une livraison non-conforme.
- Le déplacement de commerciaux ou de l'équipe qualité chez un client mécontent.
- La perte du client.
- Le coût des réclamations clients.

La mesure des coûts de non-qualité n'est pas toujours évidente car les valeurs ne sont pas systématiquement identifiées comme telles dans les rubriques comptables. Il s'agit donc de s'atteler méthodiquement à cette tâche en utilisant les compétences du contrôle de gestion.

On consolidera ensuite les valeurs. De nombreuses entreprises expriment la valeur globale des coûts de non-qualité en pourcentage du chiffre d'affaires.

Prendre l'habitude très tôt de valoriser en coûts toute anomalie, non-qualité, ainsi que mesurer ce que va coûter ce que l'on veut mettre en place dans le système qualité est un excellent réflexe qui permet d'être crédible. Le retour sur investissement de la qualité doit être réel.

Conseil ▶ **Ne pas chercher à avoir des résultats complets; on reste au niveau de l'estimation (on a des valeurs en–dessous de la valeur réelle). Rien ne sert d'avoir une connaissance précise de ces coûts. Quand le coût n'est pas mesuré par la comptabilité, il faut adopter une approche estimative. On estimera ce coût comme on pourrait le faire pour monter un budget.**

La non qualité coûte cher, mais l'investissement qui va être engagé pour s'améliorer aussi. Une démarche qualité réussie permet de trouver le juste équilibre entre l'investissement engagé et l'économie réalisée.

▨ Et au final, on mesure donc le **coût d'obtention de la qualité (COQ)** :

COQ : CQ + CNQ

CQ : coûts des dépenses pour assurer la qualité (inclut les coûts de contrôle + les coûts des actions correctives et préventives mises en œuvre pour assurer la qualité des produits et prestations).
CNQ : coûts de non-qualité externes + internes.

Si les coûts qualité augmentent, les coûts de non-qualité doivent diminuer. La somme (le COQ) doit au final se stabiliser.

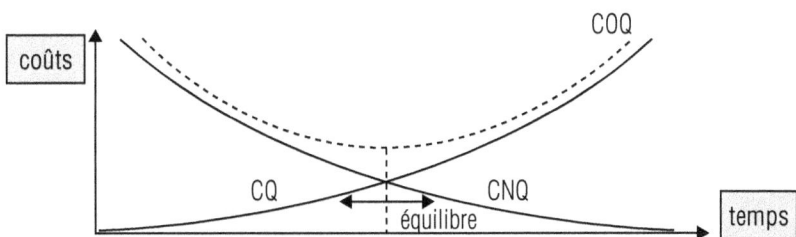

3.3 5 paramètres pour maîtriser la qualité

Les 5 M sont les cinq paramètres clés qui vont influer sur la qualité de vos produits et services. Et qu'il faut donc maîtriser. Définis par Ishikawa, ils sont très souvent cités, repérés comme des éléments de maîtrise d'une activité ou d'un processus.

Les 5 questions à se poser sont les suivantes :

❏ Le personnel (Main-d'œuvre) est-il compétent, formé ?

❏ Les Moyens sont ils adaptés, entretenus ?

❏ Les Méthodes de travail sont elles définies, validées ?

❏ Le Milieu (environnement de travail) est il adapté ?

❏ Les Matières premières sont-elles satisfaisantes ?

On représente ces paramètres à l'aide du diagramme des 5M (qui prend la forme d'un diagramme cause effet, dit aussi en arête de poisson) :

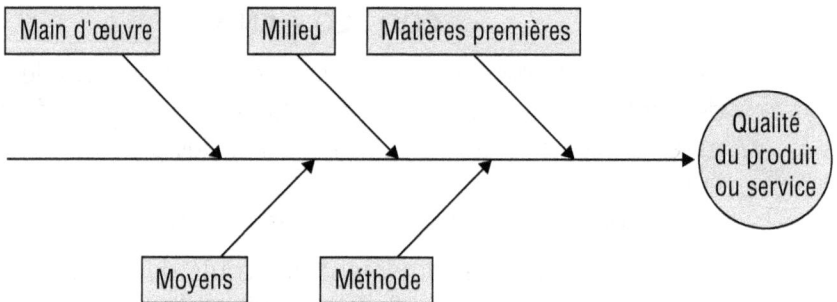

A ces 5 M (main-d'œuvre, milieu, moyens, méthode, matières premières) peuvent être ajoutés d'autres M tels que la maintenance, la mesure (contrôle), le management…

On voit bien que si toutes les actions sont mises en œuvre pour maîtriser ces paramètres et que ces actions sont efficaces le produit sera satisfaisant (conforme aux spécifications et/ou attentes des clients) et que le contrôle sera là uniquement pour le vérifier. On anticipe, on ne subit plus.

Plus globalement, pour faire le point sur la réalisation du produit ou du service délivré au client, on peut faire une check-list des points clés de la maîtrise de la qualité :

- Les activités de réalisation du produit (processus de fabrication/réalisation) sont-elles décrites?
- A chaque étape du processus a-t-on un document qui décrit la méthode de travail, les spécifications attendues?
- L'absence de document est-elle justifiée?
- Les responsabilités du personnel sont-elles définies et communiquées?
- Les compétences nécessaires sont-elles identifiées?
- Avant de prendre un poste, chacun est-il informé et/ou formé?
- Les exigences concernant les matières premières sont-elles formalisées?
- Les fournisseurs sont-ils sélectionnés selon des critères qualité définis?
- Les fournisseurs sont-ils suivis?
- Le milieu, l'environnement est il satisfaisant?
- Les moyens à disposition du personnel sont-ils adaptés, entretenus?
- Les contrôles à réaliser sont-ils définis?
- Les contrôles à réaliser sont-ils enregistrés?
- Les appareils de contrôle sont-ils vérifiés régulièrement?
- Les incidents sont-ils enregistrés?
- Les incidents sont-ils traités?
- Les incidents sont-ils suivis?
- Les résultats des processus sont-ils affichés?

Conseil
- Travailler sur des faits
- Répondre : si c'est prévu, si c'est fait, si c'est efficace
- Travailler en groupe
- Raisonner en termes de points forts et de points à améliorer.

3.4 Faire une synthèse

Ce bilan que vous venez de faire vous permet de repérer globalement des pistes de progrès (là où l'on perd de l'argent, là où
les dysfonctionnements internes sont graves et fréquents, ce
que l'on peut mettre en œuvre tout de suite pour garantir la
satisfaction du client).

■ Exemple d'autodiagnostic : une imprimerie

Bilan intern → Qualité	
Points forts	Notre capacité à conseiller Notre relationnel Notre réactivité La qualité de nos produits perçue par nos clients
Dysfonctionnements fréquents et graves	De fréquentes non-conformités détectées en interne aux étapes 1, 3 et 5 de notre processus (conception, impression et pliage)
Constats : **Personnel**	Compétent techniquement, motivé, mais ne perçoit pas sa position de fournisseur interne
Fournisseurs	OK
Méthodes	Non formalisées, pas de plan de contrôle écrit, aucun enregistre-ment de contrôle
Milieu	OK
Moyens	Machines bien entretenues (maintenance préventive)
Coûts de non-qualité internes	30 000 euros au semestre dernier
Coûts de non-qualité externes	1 500 euros
Axes d'amélioration	Formaliser le plan de surveillance et sensibiliser le personnel au contrôle à effectuer

4. FIXEZ-VOUS DES OBJECTIFS QUALITÉ!

4.1 Le célèbre PDCA de Deming

Impossible de parler d'objectifs qualité sans parler de «management de la qualité» et du PDCA de Deming : une véritable démarche qualité, c'est-à-dire d'amélioration continue, est rythmée par les 4 phases clés du PDCA créé par W.E. Deming dans les années 1950, (et toujours d'actualité!) qui représentent la boucle d'amélioration :

- **P** plan (planifier)
- **D** do (faire, mettre en application)
- **C** check (vérifier, mesurer, contrôler)
- **A** act (agir/réagir)

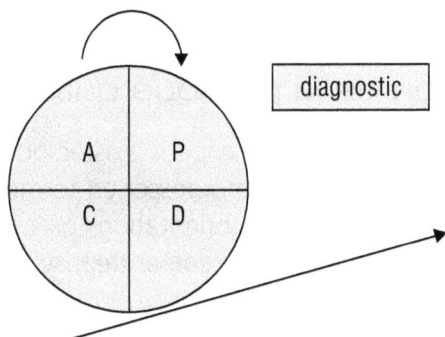

❏ **La planification :** après l'état des lieux, la période de constats, on se fixe des objectifs de progrès. Mais attention! ces objectifs sont mesurables (facilement puisque le diagnostic a permis de recueillir des faits) et associés à un plan d'action. On planifie ce que l'on veut faire, les résultats à atteindre et les moyens de les atteindre.

❏ **La mise en œuvre :** le plan d'action est appliqué.

❏ **Le contrôle** par le biais de la mesure : on vérifie que les résultats sont bien ceux que l'on attendait. Le tableau de bord a ici un rôle primordial.

❑ **L'action :** en fonction des résultats obtenus et des objectifs visés nous devrons peut-être réagir : déclencher des actions complémentaires. C'est le pilotage.

Attention, même si cette logique semble simple et évidente, ce PDCA a du mal à être réellement appliqué au sein des entreprises. Il rencontre les principaux écueils suivants :

– Des objectifs flous, non mesurables, sans plan d'action
– Un plan d'action non suivi
– Des indicateurs non pertinents ou difficiles à recueillir
– L'absence de pilotage.

Le constat vous paraît sévère ? Attention ! soyez très rigoureux sur ce point !

Le PDCA est l'occasion pour nous de citer deux outils qualité fondamentaux, le plan d'action et le tableau de bord qualité qui seront développés plus loin.

4.2 L'orientation de la politique qualité

Cette boucle d'amélioration ne peut exister que si la direction exprime son engagement de progresser en terme de satisfaction client, mais aussi et surtout les orientations qu'elle désire donner à la démarche qualité au sein de son entreprise.

Car il n'y a pas « une » mais « des » démarches qualité. Chaque système qualité est en fait « l'empreinte digitale » de la société : on peut faire simple, on peut faire compliqué, on peut choisir de se concentrer sur les clients finals, les clients payeurs, raisonner coûts ou non.

Dans tous les cas la direction doit afficher clairement sa volonté et l'orientation à donner à ce qu'on va appeler la « politique qualité ».

Et cette politique qualité doit trouver sa place dans la stratégie de l'entreprise :

• *Quel est le projet de la direction pour l'entreprise ?*
• *Quelle place sera donnée aux clients ?*
• *Que voulons-nous faire/améliorer pour eux ? et pour cela, en interne, vers où voulons-nous nous tourner ?*

Une fiche, la fiche enjeu, va pouvoir formaliser les finalités visées.

Qui dit politique dit naturellement enjeux associés à la démarche. Nous vous proposons un exemple de réflexion menée au sein d'une entreprise. Elle a permis de préciser le projet qualité lancé : à quoi tout cela rime-t-il ? Nous empruntons un chemin mais où nous mène-t-il ? Où voulons-nous être dans deux ans et en quoi la démarche qualité va nous y aider ?

Fiche – Engagement De La Direction/politique Qualité Découvrir Les Enjeux De La Démarche		
		Objectif de la démarche
Contexte	**Interne :** *il s'agit de se remémorer les évènements, les faits qui en interne rendent la démarche Qualité incontournable*	Améliorer la satisfaction des clients Basculer les clients «satisfaits» en «très satisfaits»
	Externe : *on s'interroge ici sur les facteurs externes à l'entreprise : renforcement de la concurrence, durcissement des marchés*	
		Politique Qualité
Enjeu	**Interne :** *– mieux travailler ensemble* *– se rassembler autour d'un projet*	– Mieux écouter nos clients – Améliorons les prestations de nos sous-traitants – Agir prioritairement sur les nouveaux produits
	Externe : *– gagner des parts de marché* *– distancer significativement la concurrence*	

Que retenez-vous comme enjeu pour votre entreprise ?	Plutôt oui	Plutôt non
Clarifier les responsabilités, missions, méthodes ?		
Satisfaire le client, le fideliser		
Améliorer la performance, le fonctionnement interne, être mieux organisé		
Etre reconnu		
Harmoniser les méthodes de travail		

…/…

Que retenez-vous comme enjeu pour votre entreprise?	Plutôt oui	Plutôt non
S'engager sur des résultats		
Etre concurrentiel, être crédible pour vendre		
Simplifier les procédures, éviter les redondances		
Fédérer, motiver		
Etre rentable		
Communiquer en interne, faire circuler l'information		
Communiquer en externe, plus rapidement, plus efficacement		

Le sens que donne la direction à la démarche qualité va bien sûr déjà influer sur votre état des lieux. En fonction de la priorité définie, les outils à mettre en œuvre ne seront pas forcément les mêmes.

Les orientations de votre direction	Les bons réflexes
Améliorer la rentabilité	Chiffrer les coûts de non-qualité Assurer la maîtrise de vos processus/activités
Arrêter d'urgence l'hémorragie des clients	Travailler sur les réclamations et sources d'insatisfaction
Viser le long terme et la fidélisation des clients	Faire une enquête de satisfaction
Résoudre les dysfonctionnements internes (le client est sauvé à chaque fois mais à quel prix!)	Recenser les dysfonctionnements
Viser une certification	Faire un audit à blanc
Se recentrer sur les attentes des clients et s'organiser autour	Interviews clients et approche processus
Un peu de tout?	Pourquoi pas? mais attention ne faudrait-il pas ancrer le projet dans le temps et choisir des axes prioritaires

La politique donne le cap et permet aussi de préciser ce sur quoi il va falloir agir : les leviers d'action pour réussir le challenge et tout, alors, se structure autour d'une logique indiscutable.

Ainsi pour construire une politique qualité, il est nécessaire de travailler pour et avec la direction et l'ensemble du comité de direction. Pour se faire, on pourra s'appuyer sur une check-list de questions clés à se poser.

Donner du sens à votre projet vous aidera à le légitimer et donc à mieux le « vendre » auprès du personnel.

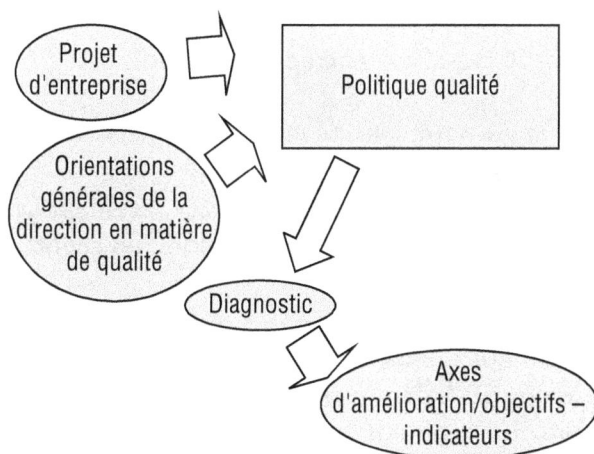

4.3 Définir ses priorités : se définir des indicateurs clés

Après l'expression des enjeux et de la politique, après le constat des points forts et des axes d'amélioration, des objectifs concrets d'amélioration doivent être fixés :

- Que voulons-nous voir changer en terme de résultats ? A quoi saurons-nous que notre démarche qualité est efficace ?
- La difficulté quand on a fait un diagnostic qualité c'est ensuite de se lancer dans l'action en privilégiant des actions à forte valeur ajoutée pour le client et/ou l'entreprise, de s'axer sur l'essentiel.

Les objectifs de progrès mesurables fixés sont associés à un indicateur qui nous permettra de savoir si oui où nous la roue du PDCA est résolument efficace au sein de l'entreprise.

Ces indicateurs devront être :

- Pertinents
- Motivants
- Faciles à recueillir
- Simples
- Associés à un objectif
- Acceptés de tous.

Exemple ▸ **Prenons le cas d'une entreprise de transport.**
L'enjeu
«Augmenter notre part de marché en fidélisant nos clients»

▸ La politique qualité
«Notre volonté est d'améliorer significativement la satisfaction de nos clients, nous voulons des clients enthousiastes.»

▸ L'enquête de satisfaction : où en sommes-nous?
«Aujourd'hui à l'issue de notre enquête de satisfaction nous savons que 30 % de nos clients sont très satisfaits, 58 % sont satisfaits, 10 % sont insatisfaits, 2 % très insatisfaits.»

▸ La fixation des objectifs par le chef d'entreprise
«D'ici 2 ans, nous serons à 60 % de clients très satisfaits ou plus et 40 % de clients satisfaits ou plus.»

▸ Les leviers d'action
«Nous savons que l'insatisfaction de nos clients vient de la facturation et de nos délais de livraison.»

▸ Nos objectifs sont :
- 0 % de clients insatisfaits sur l'accueil
- 0 % de clients insatisfait sur la facturation

▸ D'autres objectifs et d'autres diagnostics
«Cela va sans doute nécessiter de se fixer d'autres objectifs mais peut-être aussi de faire un diagnostic plus précis des erreurs de facturation et des incidents de livraison» (avec un Pareto que nous développerons plus tard dans la partie de résolution de problème).
Après étude, il apparaît que 80 % des problèmes de retard sont dus à des erreurs de livraison. Un groupe de travail est créé avec pour objectif opérationnel de supprimer ces erreurs

(nous aborderons plus loin la méthode de résolution de problème).

Exemple

Celui d'une concession de vente d'automobiles qui exerce trois activités :
- la vente de véhicules neufs ou d'occasion,
- la vente de pièces détachées,
- la réparation ou service après vente.

avec trois services :
- le service commercial de vente
- le service de vente de pièces détachées
- le service après-vente.

Un diagnostic rapide a révélé les dysfonctionnements suivants :
- un nombre anormalement élevé de véhicules réparés qui reviennent à l'atelier pour les mêmes pannes,
- un déficit de vente d'accessoires montés sur véhicules neufs,
- des clients mécontents de l'indisponibilité de pièces détachées.

La priorité est donc donnée à la qualité atelier, à la vente d'accessoires sur véhicules neufs et à la fixation de seuils d'alerte sur les réapprovisionnements en pièces.
L'enjeu de la démarche est de fidéliser les clients en améliorant le service fourni.

En fonction du diagnostic les axes de progrès suivants ont été définis :

Service	Axes de progrès
Pièces de rechange	Rendre disponibles les pièces détachées
Après – vente	Accroître la fidélité des clients

Puis une politique très générale a été élaborée : «faire bien du premier coup, une entreprise à l'écoute de ses clients, faire tout pour faciliter la vie de ses clients».

▶ Il s'est ensuite agi de définir les objectifs et indicateurs clés. Par exemple pour le service après vente : Comment accroître la fidélité des clients en misant sur la qualité du service rendu ? Comment mesurer cette qualité ?
Le comptage des véhicules qui reviennent en réparation est un bon moyen. Ce taux de retour atelier ne doit pas dépasser 5 %.

De la même manière il a été possible de définir des indicateurs et un objectif pour la disponibilité des pièces au service « pièces de rechange » :

Critère	Indicateur et objectif
Disponibilité des pièces	Taux de service = nombre de pièces disponibles/nombre de pièces commandées Un taux de service de 95 %
Pannes récidives	Taux de retour atelier = nombre de véhicules retour atelier/nombre de véhicules réparés Un taux de retour $< 5\%$

Conseil ▶ Bien prendre le temps de réaliser cette étape

▶ Travailler avec le comité de direction

▶ Chercher des indicateurs simples qui parleront à tout le personnel

▶ N'en sélectionner que deux ou trois

▶ Définir des objectifs mesurables, concrets, motivants.

A retenir

1 – Ne pas confondre qualité et conformité
Conformité : respect de tolérances produit
Qualité : satisfaction client

2 – Les attentes des clients peuvent être exprimées mais aussi tellement évidentes pour eux qu'ils ne les formulent pas : ce sont les attentes implicites. L'écoute client est un élément clé de toute démarche qualité.

3 – Dans une démarche qualité on cherche à satisfaire les clients mais surtout à les fidéliser. Faites de vos clients vos meilleurs prescripteurs.

4 – La logique incontournable va du client au client : les 4Q à travailler :
Qualité attendue,   Qualité programmée,
Qualité perçue,   Qualité réalisée.

5 – Contrôler c'est parfois nécessaire, anticiper est toujours indispensable.

6 – C'est le client qui est le seul juge de la qualité dans une entreprise. La mesure de sa satisfaction est donc une étape incontournable.

7 – La non-qualité se traduit en coûts.

8 – Pour maîtriser la qualité d'un produit ou d'un service, 5 paramètres sont toujours à prendre en compte : la Main-d'œuvre, les Matières premières, les Moyens (ou machines), les Méthodes de travail, le Milieu dans lequel se réalise le produit.

9 – Pas de démarche qualité sans progrès. Le PDCA en est le fil directeur : planifier, prévoir des objectifs, mettre en œuvre ce qui est prévu, vérifier régulièrement les résultats, agir/réagir.

10 – La direction donne le tempo, et oriente formellement la démarche en définissant une politique qualité et des objectifs mesurables associés.

CHAPITRE 2

Se lancer dans l'action

1. METTRE SUR PIED UN PLAN D'ACTION POUR ATTEINDRE SES OBJECTIFS ET LE SUIVRE

Dans le chapitre précédent nous avons vu qu'avant de démarrer toute démarche qualité il est important de la globaliser dans un vrai projet d'entreprise.

L'engagement de la direction étant obtenu, la politique qualité définie et un diagnostic réalisé nous avons exprimé des objectifs de progrès.

A ce stade du projet nous savons où nous voulons aller, quels résultats obtenir mais pas forcément comment y arriver. C'est tout l'intérêt du plan d'action qualité appelé aussi familièrement par les responsables qualité le « PAQ ».

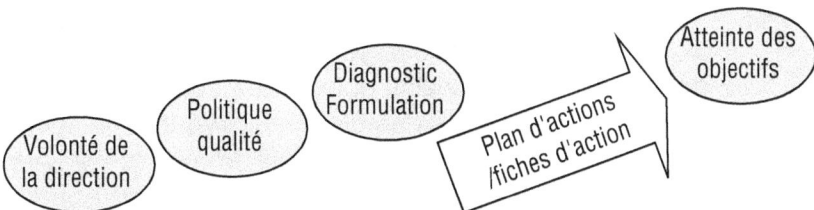

Volonté de la direction → Politique qualité → Diagnostic Formulation → Plan d'actions /fiches d'action → Atteinte des objectifs

Cette construction méthodique est une des conditions de réussite de la démarche. Beaucoup de bonne volonté ne suffit pas toujours, il faut aussi structurer son action.

1.2 Formaliser les actions à lancer

▦ De la politique aux objectifs

Exemple ▶ Reprenons l'exemple de l'entreprise de transport qui désire augmenter sa part de marché en fidélisant ses clients.

Sa politique qualité (en synthèse) est exprimée ainsi : «Notre volonté est d'améliorer significativement la satisfaction de nos clients, nous voulons des clients enthousiastes».

Après un diagnostic qui lui a permis de constater que 30 % de leurs clients sont très satisfaits, 58 % satisfaits, 10 % insatisfaits et 2 % très insatisfaits, la direction décide de se fixer les objectifs concrets et réalistes suivants :

D'ici 2 ans, 60 % de clients très satisfaits ou plus et 40 % de clients satisfaits ou plus.

Comme on a pu constater que l'insatisfaction des clients vient de la facturation et des délais de livraison, l'équipe qualité et la direction précisent les objectifs :

0 % de clients insatisfaits sur l'accueil

0 % de clients insatisfaits sur la facturation

Diminution des erreurs de livraison (mais il ne dispose pas à ce stade de suffisamment d'élément pour aller plus loin dans la réflexion).

▦ Des objectifs au plan d'action qualité

Ces décisions prises, il est nécessaire de se lancer dans l'action de façon structurée et de planifier des actions concrètes d'amélioration.

Le plan d'action prévoit, généralement année par année, les principales actions qualité qui vont être menées. Il permet ainsi d'avoir une vision d'ensemble. Il a une durée limitée, un périmètre défini, il est validé par la direction et son suivi est placé sous la responsabilité du responsable qualité.

Ce plan d'action qualité (PAQ) induit un changement profond et progressif au sein de la société qui le met en œuvre. Ce changement portera sur les façons de faire, les compétences, les ressources...

Concrètement le plan d'action s'exprime dans un premier temps sur une simple feuille A4 où sont indiquées les actions à mettre en œuvre, le pilote de l'action, l'objectif précis à atteindre et le délai dans lequel il devra être atteint.

Actions	Objectif	Pilote	Délai

Exemple ▶ **Dans l'entreprise de transport déjà citée, nous pouvons imaginer le PAQ ainsi défini :**

Actions	Objectif	Pilote	délai
Améliorer l'accueil de nos clients	0 % clients insatisfaits	F Leminier	Fin de l'année
Supprimer les erreurs de facturation	0 % clients insatisfaits	C Barreau	Septembre
Diminuer les insatisfactions dues aux erreurs de livraison	-5 % de clients insatisfaits des délais de livraison	D Qualidias	Fin année

Chaque action a un pilote, qui n'est pas forcément le responsable qualité, mais plutôt la personne qui est la plus compétente pour mener à bien le chantier et atteindre l'objectif.

Exemple ▶ **Dans notre exemple, c'est Céline Barreau responsable de la comptabilité qui a, bien entendu, été chargée d'améliorer les erreurs de facturation.**

▦ Du plan d'action à la fiche action

Il s'agit de se poser les bonnes questions et de le formaliser :

❏ Mon objectif est il suffisamment précis?

❏ Quel intérêt avons-nous de l'atteindre?

❏ Y a-t-il des inconvénients à atteindre cet objectif?

❏ Y a-t-il des obstacles à la réalisation de cet objectif?

❏ Quelles sont les étapes à parcourir pour atteindre cet objectif?

❏ De quelles ressources ai-je besoin?

Exemple | Si l'on travaille sur l'action «diminuer les insatisfactions dues aux erreurs de livraison» de notre transporteur, cela donne :

➤ Mon objectif est il suffisamment précis? :

«Moins de 5 % de clients non satisfaits des délais de livraison.»

Non, cet objectif est trop global, il est nécessaire de faire à nouveau un état des lieux, évaluer le nombre d'erreurs de livraison puisque l'on sait que les problèmes de délais sont dus à des erreurs.

Améliorer la satisfaction des clients sur les délais impose dans un premier temps de supprimer les erreurs de livraison. Donc de se fixer un objectif plus précis par exemple le nombre d'erreurs par mois.

➤ Quel intérêt avons-nous de l'atteindre?

Cela renvoie aux enjeux du projet qualité : améliorer la satisfaction des clients sur les délais pour les fidéliser et au final gagner des parts de marché.

➤ Y a-t-il des inconvénients à atteindre cet objectif?

Non, pas à priori.

➤ Y a-t-il des obstacles à la réalisation de cet objectif?

Oui, nous sommes tributaires des transporteurs.

➤ Quelles sont les étapes à parcourir pour atteindre cet objectif?

1. Créer un groupe de travail
2. Faire un état des lieux plus précis pour savoir combien nous avons d'erreurs par mois
3. Analyser les causes des erreurs

4. Définir des solutions

5. Les faire valider par la direction

6. Mettre en œuvre les solutions

7. Faire un bilan intermédiaire

8. Assurer la communication tout au long du projet avec l'équipe des expéditions.

De quelles ressources ai-je besoin?

Pour chaque étape nous pouvons raisonner en moyens matériels et humains dont on aura besoin.

Cette réflexion est formalisée dans une fiche d'action et permettra de planifier ce projet :

Action : améliorer nos délais de livraison	**Objectif final :** – de 5 % de clients insatisfaits Délai : fin de l'année
	Objectif action : à définir dans le mois
Pilote : D Qualidias	**Intérêt/enjeux :** améliorer globalement la satisfaction de nos clients, gagner des parts de marché
Obstacles possibles : dépendance des transporteurs	**Inconvénients :** sans objet

Etapes	**Planning**
– Créer un groupe de travail	Janvier S4
– Faire un état des lieux plus précis pour savoir combien nous avons d'erreurs par mois	Janvier S4/5
– Analyser les causes des erreurs	Février
– Définir des solutions	Février
– Les faire valider par la direction	15 mars
– Mettre en œuvre les solutions	Mars-avril-mai- Juillet
– Faire un bilan intermédiaire	
– Assurer la communication tout au long du projet avec l'équipe des expéditions	Toutes les 4 semaines à partir de S4

Ressources : Disponibilité du groupe de travail

1.2 Gérer le projet : faire des plannings et des bilans

La visibilité de la démarche qualité est importante car elle permet à chacun dans l'entreprise (du PDG aux collaborateurs) de rendre visible le projet. La qualité n'est pas un concept, c'est une démarche qui doit être visible.

Chaque pilote s'engage vis-à-vis de la direction sur un objectif à atteindre, des délais à respecter.

La qualité joue la carte de la transparence. A tout moment on doit savoir où on en est.

Un planning sert à visualiser, responsabiliser, engager, alerter et faire des bilans très synthétiques.

Un planning qualité est très simple : on reprend le plan d'action en visualisant les délais et aussi les début et fin de chaque action.

Chaque pilote peut faire de même avec son action (et en visualisant de manière plus précise les étapes à parcourir).

■ Exemple de planning mis à jour à fin juin

Action	Objectif	Pilote	M1	M2	M3	M4	M5	M6	M7	M8	M9	M10	M11	M12	avancement	résultats
Améliorer l'accueil de nos clients	0 % clients insatisfaits	F Leminier													RAS	OK
Supprimer les erreurs de facturation	0 % clients insatisfaits	C Barreau													Le projet a pris deux mois de retard	OK
Diminuer les insatisfactions dues aux erreurs de livraison	-5 % de clients insatisfaits des délais de livraison	D Qualidias													RAS	OK

Légende

J	Période de réalisation initialement prévue
L	Réalisé
L	A réaliser (permet de voir si le projet sera réalisé ou non dans les délais)

1.3 Définir les responsabilités qualité

C'est très tôt dans la démarche qu'il faut poser les responsabilités en matière de qualité.

Même au-delà de la responsabilité des pilotes d'action, chacun dans l'entreprise doit avoir intégré ce qui est de sa responsabilité en matière de qualité et/ou conformité.

La qualité est l'affaire de tous et plus encore l'affaire de chacun! La qualité du produit ou du service n'est pas uniquement de la responsabilité qualité (qui n'est en aucun cas «le responsable de la qualité» mais plutôt un chef de projet). La qualité, la satisfaction des clients, la conformité des produits et des services sont de la responsabilité des managers et de chaque collaborateur au quotidien.

Mais on peut aussi réfléchir aux responsabilités dans le cadre de la démarche et à celles dans la vie du produit.

Les responsabilités dans la vie du produit
Si l'on raisonne par service, au final, chaque service est responsable de la satisfaction des clients. Cela va du marketing qui sait recueillir et formaliser les attentes des clients à la production qui assure la conformité des produits, au commercial qui sait servir le client selon ses besoins.

Les responsabilités dans le cadre d'un projet qualité : s'organiser pour réussir une démarche d'amélioration
Quel que soit le projet Qualité, il est important que :

❏ Le rôle et les relations de chacun soient définis et connus.

❏ Chacun participe activement, car c'est une condition de la réussite.

❏ Tous les niveaux hiérarchiques soient impliqués.

Chacun doit être conscient qu'il a un rôle dans la démarche Qualité, dans la satisfaction du client (externe ou interne) et connaître la contribution qu'il apporte au projet d'amélioration.

La Direction Générale, nous l'avons vu, doit être le point de départ de la démarche :

❑ définition des axes directeurs de la démarche,

❑ se maintenir informée tout au long de la démarche.

Elle doit ensuite être le soutien actif du système :

❑ en effectuant des revues du système à intervalles réguliers,

❑ en soutenant l'image de la Qualité et de ses représentants.

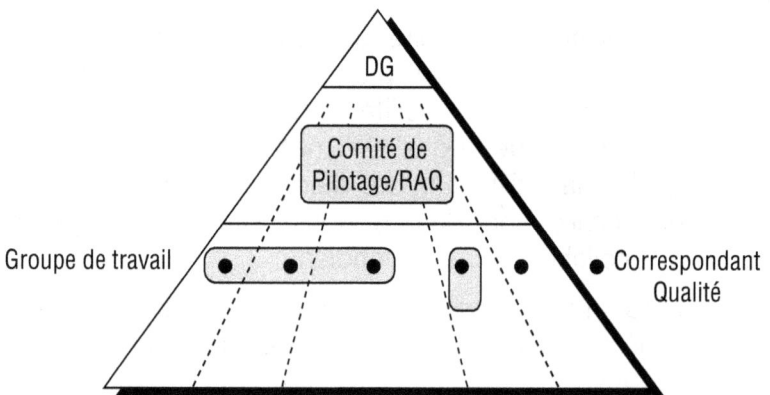

❑ Ainsi, conseillée par la Qualité, la Direction Générale fixe ses objectifs, et donne les moyens de les atteindre. Mais comme c'est l'ensemble du comité de direction qui doit être porteur de la démarche, il est judicieux de créer, au niveau de la direction, un comité de pilotage qui réunira les managers principaux concernés.

Le Comité de Pilotage est l'organisme décisionnel (il regroupe les responsables de service) : il valide et décide des actions et des moyens, il suit l'avancement des Plans d'actions et des actions de progrès (audits actions conceptuels).

❑ Parfois des correspondants Qualité sont nommés dans chaque service. Ils sont les «antennes» Qualité, les interlocuteurs Qualité privilégiés, souvent ils gèrent la documentation, suivent les fiches d'amélioration, font vivre les indicateurs Qualité, assurent la communication Qualité dans leur secteur.

❑ On ne peut parler organisation d'une structure qualité sans parler de groupes de travail. Ces groupes sont un élément clé car ils permettent de faire participer le personnel.

■ **Tableau des actions et responsabilités dans le projet**

	Direction	Chefs de service	RQ	Collaborateur
Définit la politique Qualité en cohérence avec la stratégie de l'entreprise	X			
Communique sur la politique (en relais chacun assure la communication)	X	X	X	
Définit des objectifs mesurables	X		X	
Avec la participation des chefs de services concernés		X		
Communique sur les objectifs		X	X	
Collecte des éléments et consolide le tableau de bord qualité de son service		X		
Construit le tableau de bord Qualité de l'entreprise			X	
Alerte en cas de dérive chacun à son niveau		X	X	X
Prépare les bilans avec la direction			X	
Evalue les ressources humaines, matérielles pour atteindre les objectifs (Le Responsable Qualité doit s'assurer que chaque chef de service a bien réfléchi aux ressources nécessaires, la direction doit s'engager à donner les ressources nécessaires pour atteindre les objectifs fixés)		X	X	
Détecte et fait remonter des Non conformités dans son domaine (ce sont les personnes sur le terrain, qui doivent être source de propositions)		X		X
Décide de déclencher des actions correctives pour éviter le renouvellement des problèmes		X	X	
Centralise la gestion des actions correctives pour synthèse			X	

.../...

	Direction	Chefs de service	RQ	collaborateur
Rédige les procédures (c'est un travail collectif nous le verrons dans le chapitre 3)		X	X	X
Applique les procédures				X
Fait appliquer les procédures		X		
Structure l'ensemble de la documentation Qualité			X	
Organise la diffusion de la documentation		X	X	
Sert d'interface avec les clients et les parties intéressées			X	
Propose des idées d'amélioration		X	X	X
Reconnaît les performances et félicite	X	X	X	

■ Comme on le voit, le rôle des managers et des chefs de service est très important.

Chaque manager est le relais de la Qualité. On n'insiste jamais assez sur de rôle des responsables de services qui doivent être leaders en ce qui concerne le projet Qualité. L'impulsion doit passer par eux, ils doivent adhérer au projet et s'y impliquer.

■ C'est bien le responsable qualité qui va conduire le projet, mais sans autorité hiérarchique

C'est un coordinateur, un animateur qui doit être convaincu de son rôle et de l'enjeu de sa mission. Mais en aucun cas, il ne peut travailler isolément.

– Il propose les objectifs Qualité qui doivent figurer dans le Tableau de Bord Qualité après validation par la Direction Générale.

Autour de l'entité « Direction Générale + Responsable Qualité », tous les services de l'entreprise doivent être sensibilisés sur leur rôle essentiel dans la démarche Qualité.

– Il sait maîtriser les étapes de la démarche et doit connaître les outils Qualité à utiliser à chaque étape…

1.4 Suivre les résultats à l'aide d'un tableau de bord

Lancer le plan d'action est un moment important mais le faire vivre dans la durée est plus délicat.

Il convient de faire régulièrement des bilans, de revoir les plannings et de suivre les résultats.

Par le suivi de résultats, on cherchera sans cesse à répondre aux questions :

Le plan d'action porte-t-il ses fruits ? Les actions engagées nous permettent-elles d'atteindre nos objectifs ?

Récapitulons :

Avec la direction, vous avez fixé des objectifs mesurables, un plan d'action a été formalisé, les responsabilités définies Il est donc temps de mettre en œuvre votre tableau de bord qualité.

Le tableau de bord du responsable qualité va être à la fois un instrument :

❏ De **mesure** de « l'état d'avancement » des **actions de qualité**.

❏ De **diagnostic** permanent.

❏ De **dialogue** avec les autres fonctions et d'**information**.

❏ D'**aide à la décision**.

Il apparaît comme élément essentiel de la régulation du système Qualité.

Comme pour le pilotage d'un véhicule le tableau de bord est un outil de **mesure des paramètres réactifs** qui permettent aux **responsables d'agir** pour se rapprocher des **objectifs.**

On retrouve dans un tableau de bord des indicateurs réactifs et mesurables, associés à des objectifs qui nous permettent de définir si tout va bien ou s'il faut réagir.

▉ Que suivre dans un tableau de bord?

D'abord et surtout la satisfaction de vos clients, puis le niveau de conformité de vos produits, enfin les indicateurs liés à votre démarche d'amélioration.

Vous n'oublierez pas de suivre l'aspect «coûts», si c'est une de vos orientations.

Les 5 grandes catégories de rubriques souvent retenues pour un tableau de bord sont les suivantes :

❏ **Client :** indice de satisfaction,

❏ **Produit/service :** niveau de conformité,

❏ **Performance** interne de l'entreprise/processus par exemple les achats ou le commercial,

❏ **Coûts** (COQ : coût d'obtention de la qualité que nous développerons plus loin),

❏ et bien sûr, les indicateurs caractérisant la **politique qualité propre** à l'entreprise, ceux qui permettent de suivre le projet qualité).

Exemple ▶ Imaginez le tableau de bord de Monsieur Qualidias de notre entreprise de transport courant mars.
(Rappel : la démarche qualité lancée dans l'entreprise doit permettre d'améliorer significativement la satisfaction de ses clients, son plan d'action comprend trois grands axes : améliorer l'accueil, supprimer les erreurs de facturation, diminuer les insatisfactions dues aux erreurs de livraison.)
La satisfaction des clients sera suivie à l'aide d'une enquête semestrielle (% de clients très satisfaits et satisfaits globalement et par thème : accueil, facturation, livraison).
La direction décide également de suivre le taux de fidélité des clients et le nombre de réclamations par mois.
Pour être cohérent avec la politique qualité et le plan d'action qualité lancé, d'autres indicateurs seront suivis :
· Accueil
On peut attendre par exemple les résultats de la satisfaction des clients réalisés nous l'avons vu tous les six mois et ressortir le taux de très satisfaits de l'accueil, ou choisir de prendre un

autre indicateur, interne celui là pour suivre l'avancement et l'efficacité du plan d'action.

Admettons que pour atteindre O % de client insatisfaits de l'accueil, il soit décidé de mettre en place un plan de formation des personnes en contact avec les clients (service commercial, standard, expédition). Le responsable de l'action Monsieur Lemninier suivra chaque mois le taux de réalisation du plan de formation.

· Erreurs de facturation

Outre le taux de clients satisfaits semestriel, nous pouvons aussi définir un autre indicateur qui permettra de vérifier si les actions du plan d'action sont elles aussi efficaces : par exemple prendre de manière aléatoire 10 factures toutes les semaines et regarder le % de factures conformes.

· Délais de livraison

Pour le suivi des erreurs de livraison, deux indicateurs sont choisis :

– le nombre de réclamations par mois dues à des erreurs de livraisons,

– le % de livraisons conformes à la suite d'un audit sur 20 livraisons par semaine.

Monsieur Qualidias du service propose aussi de mettre en place un indicateur interne de suivi de conformité des livraisons. Si on constate que les livraisons répondent aux attentes des clients (délai, conformité quantité/produit, aspect des colis), c'est un constat de qualité.

Un contrôle sera donc mis en place toutes les semaines et une note qualité affectée (ce point sera abordé plus loin avec la notion de démérite).

Cette société dispose donc d'un tableau de bord reprenant des indicateurs clés suivants :

Tableaux de bord qualité

Semestriel : taux de satisfaction des clients global, pour la livraison, l'accueil, la facturation

Mensuel : taux de réalisation du plan de formation à l'accueil,
% de factures non-conformes
% de livraison non-conformes   (délai)
note qualité moyenne sur les livraisons

1.5 Créer son tableau de bord avec des indicateurs pertinents

▨ Les indicateurs choisis doivent être :

❏ Clairs et simples.

❏ Significatifs et durables.

❏ Cohérents entre eux.

❏ Motivants.

❏ Utiles.

▨ Les données peuvent apparaître sous les formes suivantes :

❏ Valeurs absolues : coûts.

❏ Valeurs relatives : en écart algébrique ou en pourcentage.

❏ Ratios : rapport de deux données de nature différente.

❏ Moyennes.

▨ Quelques recommandations :

❏ Attention aux moyennes (qui peuvent masquer une non-qualité : les clients attendent en moyenne 10 minutes : c'est bien mais pensons à ceux qui peuvent attendre une heure !) Ainsi une qualité apparente peut cacher une non-qualité réelle.

❏ Préférer les indicateurs de non-qualité sur lesquels on va centrer l'action : le % de clients insatisfaits plutôt que les très satisfaits.

❏ Eviter les indicateurs d'utilisation complexe (avec des formules compliquées).

▨ Quand l'indicateur est choisi, on réfléchira, avant de se lancer dans le recueil de données, à la façon dont sera réalisée la mesure :

❏ quel est l'indicateur ?

❏ quelle est sa fonction (à quoi sert-il) ?

❑ quelle sera sa périodicité de mesure ?

❑ quelle est sa formulation exacte ? quel est le mode de calcul ?

❑ quel est l'objectif associé ?

❑ quel est le mode de recueil de données ?

❑ comment sera-t-il présenté ?

■ **Faisons l'exercice : On décide de suivre les réclamations de nos clients**

Indicateurs	Réclamations, puis exactement : le % de réclamations/quantité livrée
Fonction	Suivre les insatisfactions de nos clients
Périodicité	Recueil permanent et calcul de l'indicateur. Tous les mois
Formulation Mode de calcul	% réclamations/quantité livraison $\dfrac{\text{nb de réclamations}}{\text{nb de livraisons}} \times 100$
Objectif	A définir
Mode de recueil	Feuille de relevé à mettre en place
Présentation	Courbe

❑ **La présentation** : la forme idéale est le graphique qui repré-sente une série de valeurs en fonction du temps (ou autre) : courbe, histogramme, radar, symboles…
En dehors du choix de l'expression de la mesure et de l'écart, le tableau de bord étant un outil de dialogue, il est nécessaire de prévoir un emplacement permettant d'expliquer les actions entreprises, les effets attendus et les actions de pilo-tage (voir les graphiques).

Une fois définies les rubriques, leurs fréquences, la formulation, la présentation, il faut mettre en place l'ensemble.

Rubrique par rubrique, en exploitant les historiques existants ou en les créant au fur et à mesure, on élabore les différents graphiques qui matérialisent le tableau de bord et on les dif-fuse à titre d'essais.

■ Les informations nécessaires sur chaque indicateur du tableau de bord

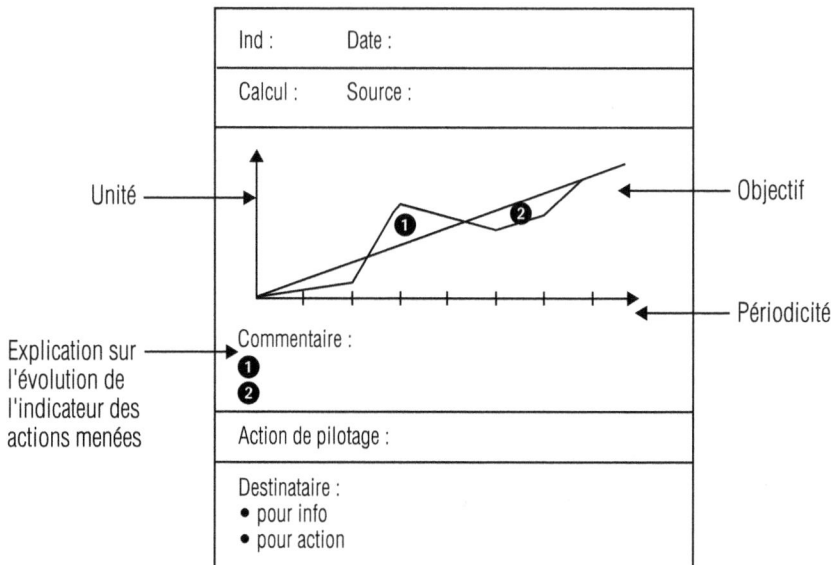

Ind :   Date :

Calcul :   Source :

Unité ──────▶

Objectif ◀────── Objectif

Périodicité ◀────── Périodicité

Explication sur ──────▶ Commentaire :
l'évolution de   ❶
l'indicateur des   ❷
actions menées

Action de pilotage :

Destinataire :
• pour info
• pour action

■ Visualiser des indicateurs

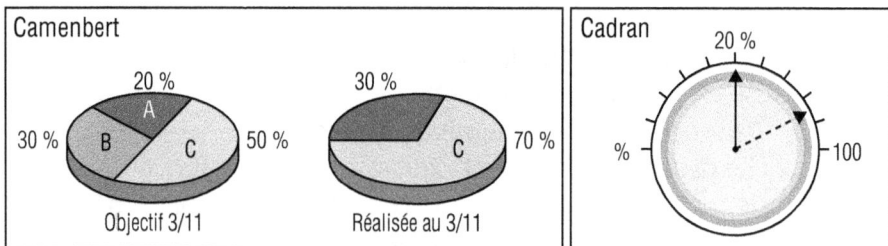

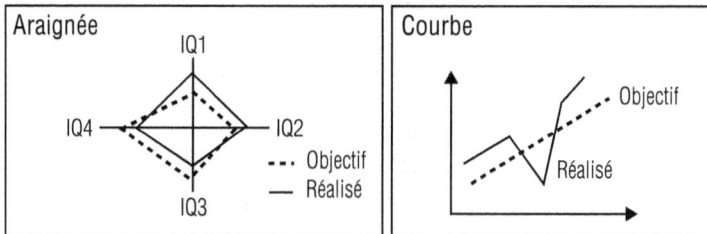

Camenbert

20 %
A
30 %   B   C   50 %

Objectif 3/11

30 %
C   70 %

Réalisée au 3/11

Cadran

20 %

%   100

Araignée

IQ1

IQ4   IQ2

- - - Objectif
─── Réalisé

IQ3

Courbe

Objectif

Réalisé

1.6 Des exemples d'indicateurs qualité

▓ Sur la satisfaction des clients

❏ % de clients satisfaits,

❏ % de clients fidèles.

❏ Nombre de réclamations des clients ou revendeurs :

   – par nature de défaut,
   – par origine probable ou responsable,
   – en coûts.

❏ Nombre de pannes signalées en clientèle, pondérées par leur gravité :

   – en garantie,
   – hors garantie.

❏ Coût total des retours et échanges de produits défectueux en clientèle (expertises incluses) : défaillances externes.

❏ Tableau comparatif des «notes» ou «profils qualité» des produits maison et des produits concurrents.

▓ Indicateur «Produit fini»

❏ Nombre et/ou % de produits refusés au contrôle final.

❏ Chiffre d'affaires des produits déclassés (2e choix ou sous-marque) et % par rapport au CA total.

▓ Note ou profil qualité moyen : Calcul du démérite

La méthode s'applique à des produits comportant un nombre important de critères qualité. Le démérite est une pénalité attribuée à l'ensemble du produit. Cette pénalité tient compte du nombre de défauts décelés et de la gravité des défauts.

Ces critères mesurables ou non sont envisagés d'un point de vue «dichotomique» : présence ou non d'un défaut.

Il s'agit donc d'évaluer le niveau qualité de la production finie (étudiée le plus près possible du client).

■ **5 étapes pour calculer le démérite**

1. Analyser les caractéristiques exigées par le client

Les traduire en défauts (qui seront présents ou non).

Classer ces défauts. Par exemple :

❏ Défauts critiques (ceux qui empêcheront le client de profiter/ d'utiliser le produit ou le service. Le client sera très mécontent et peut décider de quitter l'entreprise.) Ou défauts liés à la sécurité du produit

❏ Défauts majeurs qui entraîneront une insatisfaction du client.

❏ Défauts mineurs.

2. Attribuer aux types de défauts un poids «P» (d'autant plus important que le défaut est grave…)

Ex : PC: poids défaut critique, par ex = 30,
      PM: poids défaut majeur, par ex = 10,
      Pm: poids défaut mineur, par ex = 3.

3. Fixer la taille de l'échantillon à contrôler par prélèvement

Produit «PRET A LIVRER», prélèvement au hasard, 1 ou plusieurs.

Par exemple : une livraison, un colis emballé, 50 pièces en bout de ligne.

4. Chiffrer pour l'ensemble du prélèvement

❏ Le nombre de défauts critiques décelés C.

❏ Le nombre de défauts majeurs M.

❏ Le nombre de défauts mineurs m.

5. Calculer le démérite du prélèvement

$D = PC \times C + PM \times M + Pm \times m$

Pour l'ensemble ci-dessous :

D = 30 x 0 + 5 x 10 + 3 x 20

D = 110

Par exemple sur 5 postes de télévision

DEFAUTS	POIDS	NOMBRE DE DÉFAUTS TROUVÉS
Défauts critiques (sécurité) fonctionnement	30	0
Défauts majeurs	10	5
Défauts mineurs	3	20

Nombre de postes contrôlés : 5

Puisque l'on a pris un échantillon de 5 pièces,

On peut calculer le démérite moyen :

$$\text{D moyen} = \frac{110}{5} = 22$$

■ Cas particulier du démérite pour exploiter une enquête de satisfaction

On peut utiliser la méthode de «démérite à l'inverse» dans le cadre de l'exploitation des enquêtes de satisfaction.

Dans ce cas, on doit disposer de l'importance (IMP) de 1 à 10 attribuée par les clients aux attentes identifiées et noter, par exemple 0, 1, 2, 3 les niveaux de satisfaction : très insatisfait, insatisfait, satisfait, très satisfait.

Exemple dans le cadre d'une location de voiture : le questionnaire de satisfaction rempli d'un client.

	IMP	3 ☺	2 ☺	1 ☺	0 ☹
Rapidité	8				
Etat mécanique	10				
Propreté	6				
Conseils	4				

IMP : Importance

Résultats pour cette enquête :

$$8 \times 3 + 10 \times 2 + 6 \times 3 + 4 \times 0 = 66$$

Le total maximum étant de 84.

■ Indicateurs divers

❏ Nombre de produits « bons du premier coup ».

❏ Nombre de ruptures de stocks.

❏ Nombre de fournisseurs sous AQ (assurance qualité).

■ Indicateurs de coûts

❏ Coût de prévention (heures) :

- heures passées en recherche d'actions correctives.
- coût de rédaction de document.
- coûts des actions correctives.
- coût des formations.

❏ Coût de défaillances :

- Analyse des rebuts, en quantité, en euros.
- Analyse des retouches ou reprises en quantité, en euros.
- Analyse des tris, en quantité, en euros.
- Nombre et montant des retours aux fournisseurs et sous-traitants (avoirs) en global et analysés (par fournisseur ou sous-traitant par produit, par article, par spécialité).
- Nombre et coût des aléas (rebuts, reprises), en cours de fabrication pour défaut de qualité des matières ou articles achetés (ou des opérations de S/T).

❏ Coûts du contrôle :

- temps passé.
- coût de la métrologie
- ...

■ **Et pour vous, quel tableau de bord?**

Client	Service/Produit

Projet qualité

Coûts

Par service

2. LA RÉSOLUTION DE PROBLÈME : UN INCONTOURNABLE

Il n'y a pas de qualité sans progrès, il n'y a pas de progrès durable dans une entreprise sans la résolution définitive des problèmes de non-qualité détectés au quotidien. La non-qualité ne doit pas être perçue comme une fatalité mais comme une opportunité de progresser.

2.1 Quand utiliser la résolution de problème?

■ **Qu'est ce qu'un problème?**

Le dictionnaire LAROUSSE nous apprend que le problème est «une difficulté souvent complexe à laquelle on est confronté». Nous dirons que la difficulté provient du fait qu'aucune solution satisfaisante n'existe. C'est-à-dire que :

– aucune solution n'a été trouvée,

– il existe une solution mais elle n'est pas satisfaisante car elle ne respecte pas des contraintes que l'on s'est fixées.

Exemple ▶ Le coût de la mise en œuvre de la solution est trop élevé ou bien le rattachement récent de la société à un groupe oblige à rechercher une solution qui privilégie le recours à des moyens internes à ce groupe.

La résolution de problèmes, au sens de recourir à une méthodologie de résolution de problèmes s'applique quand les méthodes classiques ont échoué. Et cette démarche peut s'appliquer sur le terrain. Résolution de problème ne rime pas systématiquement avec réunion d'un groupe de travail et peut être appliquée par un individu seul.

Exemple ▶ Prenons un autre angle. Imaginons qu'une personne revienne d'une formation à la résolution de problèmes (appelons-la Jean). L'un de ses collègues, (ce sera Florence) le sachant, lui demande de l'aide pour résoudre un problème.

Manifestement, Florence se rend compte qu'elle pose mal le problème mais ne sait pas comment avancer toute seule.

La personne formée, Jean va lui poser des questions bien orientées pour lui faire décrire factuellement le problème.

Et une fois les réponses aux questions formulées, Florence interrompt le dialogue et remercie Jean car maintenant elle a la clé du problème. Surpris, Jean lui dit que pour le moment il n'a quasiment rien fait.

En réalité, par son questionnement Jean a obligé Florence à décrire avec des faits son problème. Une fois les fondations en place, Florence a reformulé le problème de telle manière que la cause est apparue clairement.

Comme l'on dit : un problème bien posé est à moitié résolu...

Le tableau ci-dessous montre comment peut s'utiliser la méthode de résolution de problèmes :

Question	Fonction apportée par la méthode
A quel type de réclamation s'attaquer en priorité?	Sert à choisir un problème en s'attaquant par exemple au problème le plus fréquent
Quelles sont nos difficultés actuelles?	La méthode permet d'exprimer le problème selon ses différentes composantes et de se centrer sur la difficulté jugée la plus importante
Pourquoi nos factures présentent-elles des erreurs de prix?	La méthode permet classiquement de résoudre un tel problème (recherche des causes)
Comment faire pour diminuer notre délai de règlement?	Il s'agit ici de définir un plan d'action (qui, quoi, pour quand?) après trouvé les causes
Quel modèle d'enregistrement des réclamations choisir parmi les 5 proposés?	On utilisera des grilles de décision
Comment choisir entre 2 machines proposées par les fournisseurs X et Y?	Ou comment choisir parmi plusieurs solutions la meilleure?
Comment trouver un grand nombre d'idées pour le slogan de notre campagne «sécurité»?	L'apport de la méthode est de stimuler la créativité pour obtenir une production d'idées en nombre
Comment être sûr d'avoir supprimé la cause réelle?	Seule la détermination de la cause «racine» autorise à régler le problème définitivement.
Comment mettre en place une solution rapidement?	L'optimisation de la planification des actions aboutit à définir «le chemin le plus court» pour arriver au résultat
Comment s'assurer de l'efficacité des actions mises en place?	La vérification de l'efficacité apporte cette assurance

2.2 Comment s'organiser pour appliquer une méthode de résolution de problèmes

▨ Le circuit de traitement des problèmes – les fiches d'amélioration

Le circuit de traitement des problèmes démarre par la définition du problème rencontré avec la mention des effets constatés :

- Ce n'est pas forcément la personne qui signale une anomalie qui va la résoudre.
- Ce n'est pas la personne qui décide de la solution qui la mettra en œuvre.

– Ce n'est pas non plus la personne qui met en place la solution qui validera son efficacité.

Il faut donc repérer tous les acteurs, tous les participants et repérer le circuit de traitement des problèmes.

Une personne peut signaler un problème, transmettre cette information à une personne qui centralise et qui va affecter la résolution du problème à un acteur compétent! Puis il faudra ensuite décider qui mettra en œuvre.

Généralement on utilise une fiche d'amélioration qui reprend les différentes phases.

Cette fiche va permettre de faire intervenir des acteurs différents en conservant la mémoire des réflexions, des actions et des décisions.

Exemples ▶ En voici deux exemples selon qu'il s'agit d'une action préventive ou corrective :

Fiche d'action corrective
Constat nécessitant de déclencher une action corrective : Répétitif   ❑ Oui   ❑ Non Émetteur : Date : Secteur :
Destinataire :
Causes possibles : Causes réelles : Cause racine : Actions décidées : A mettre en œuvre le :
Destinataire pour mise en place : Fait le :
Validation : À chaud par : A froid par : Validation (la solution évitera-t-elle le renouvellement de l'anomalie?) : Commentaires :

Fiche d'amélioration
Constat :   *Date :*　　　　　*Émetteur :*　　　　　*Secteur :*   Actions possibles :
Destinataire (pilote) :
Causes :   Solutions décidées :   Validation :　　　　　　　Date de mise en œuvre :
Destinataire (pilote) :   Mise en place le :
Validation (la solution satisfait-elle les acteurs concernés?) :   Date – visa :   Commentaire :

■ Le choix des acteurs à la résolution d'un problème

Comme nous venons de le voir, la méthode peut s'utiliser de nombreuses manières.

Une personne seule peut l'employer mais nous préférons conseiller de travailler en binôme. Le premier est «l'apporteur» du problème. Souvent, il est également «le sachant». Il est expert dans le domaine mais manque souvent de recul. Cette distanciation sera apportée par le 2e intervenant que nous appellerons «l'animateur». C'est lui qui connaît la méthode et qui va servir de guide dans la démarche de résolution. Il va poser des questions auxquelles l'apporteur répondra en faisant appel à son expertise. L'animateur va servir de miroir à l'apporteur. Bien évidemment, ce dispositif est applicable pour les problèmes simples qui sont centrés sur le savoir faire d'un individu.

Pour les problèmes plus complexes pour lesquels le domaine de connaissance nécessaire est étendu et dépasse les compétences du seul apporteur, il faut étendre le champ des compétences. L'animateur fait appel à d'autres personnes qui sont concernées par un aspect du problème. Un groupe de travail est alors monté.

▓ L'animation du groupe de travail

L'animateur doit exercer simultanément des tâches d'organisation et de régulation quand il anime un groupe de travail.

Parmi les tâches d'organisation on trouve les éléments suivants :

- détermination du champ du problème et choix des participants,
- rédaction de l'ordre du jour et diffusion de celui-ci aux participants,
- détermination du secrétaire de séance qui fera le compte rendu,
- rédaction du compte rendu et diffusion aux participants.

Et s'agissant de la fonction de régulation :

- expliquer les enjeux de la démarche de résolution de problème, donner les règles du jeu,
- inciter les minoritaires à s'exprimer,
- reformuler les propos vagues ou complexes,
- faire des synthèses partielles,
- traiter les conflits, les avis contradictoires.

▓ La planification des étapes

Il est un danger qui guette la résolution de problème. C'est la réunionite ! Cette maladie est largement répandue car souvent aucun délai n'est fixé au groupe de travail pour remettre ses conclusions et sans la pression du temps, les réunions traînent, se multiplient, surtout si la méthode a le don de plaire aux participants !

Si par chance un délai a été fixé, la loi de MURPHY va s'appliquer et le groupe étirera le planning des réunions pour remplir tout l'espace disponible.

Nous sommes donc partisans de fixer un délai raisonnable mais court de façon que le groupe soit normalement «tendu vers son objectif».

Nous conseillons d'adopter un dispositif pragmatique qui a l'avantage de stimuler les participants et de les tirer vers l'avant. Voici la planification proposée :

- 1re réunion : présentation de la démarche et analyse
  inter-sessions : recherche des éléments manquants
- 2e réunion : finalisation de l'analyse et recherche des causes
  inter-sessions : recherche des informations manquantes sur les causes
- 3e réunion : finalisation de la recherche des causes et recherche de solutions
  inter-sessions : test des solutions et chiffrage des coûts et délais; préparation du compte rendu
- 4e réunion : présentation des résultats du groupe; prise de décision.
- 5e réunion : préparation du plan d'action et choix des indicateurs d'efficacité
- 6e réunion : vérification de l'efficacité de la solution; conclusion.

2.3 Une méthode complète de résolution de problèmes, la méthode CARREDAS et ses outils associés

Posons-nous la question : quelles sont les étapes à suivre pour résoudre un problème?

Un rapide brainstorming nous donnera les étapes suivantes :

- Poser le problème
- Analyser le problème
- Rechercher les causes
- Définir la solution
- Mettre en œuvre la solution

Notre méthode doit être améliorée. D'abord notons que dans une société, on se trouve confronté à des séries de problèmes et que l'on doit souvent choisir ceux que l'on a à résoudre. Inversement certains problèmes s'imposent à nous et il conviendrait de les régler «séance tenante». Nous devons arbitrer entre les problèmes urgents et les problèmes importants mais pas urgents. Il est clair que si nous prenons en compte systématiquement les problèmes urgents, jamais nous ne trouverons le temps de traiter les problèmes importants. Ajoutons donc l'étape suivante :

– Choisir le problème

Et puis, dans la «vraie vie», on examine plusieurs solutions avant d'en choisir une et l'on peut tester les solutions avant de faire son choix.

Enfin le plus souvent, nous cherchons à mettre en place une solution corrective qui évite que le défaut se reproduise; pour cela introduisons l'étape suivante :

– Vérifier l'efficacité de la solution

Nous arrivons ainsi à la méthode complète que nous retiendrons plus facilement grâce un moyen mnémotechnique en la nommant CARREDAS, selon l'acronyme de ses étapes.

Chaque étape est associée à un ou des outils.

Étape	Outil
C hoisir le problème	Diagramme de Pareto, Vote
A nalyser le problème	Questionnement QQOQCCPP
R echercher les causes	Brainstorming, 5M, 5 Pourquoi
R echercher les solutions	Brainstorming
E ssayer les solutions	Indicateur
D écider de la solution	Matrice de décision
A ppliquer la solution	Plan d'action
S uivre la solution	Indicateurs

Les erreurs les plus couramment rencontrées sont :

❏ passer directement du problème à la solution sans rechercher au préalable la cause. Ce mal est souvent lié à un autre plus grave, la recherche du «coupable» ou plutôt le défaussement sur «l'autre» («ce sont encore les commerciaux qui sont responsables!»).

❏ solder la résolution de probleme sans avoir vérifié à chaud et à froid l'efficacité des solutions mises en œuvre.

Lorsque nous exposons cette méthode, on nous fait souvent la remarque suivante : «il n'y a pas à choisir le problème, quand il se pose, on doit le résoudre».

C'est souvent vrai; dans le quotidien, des problèmes se posent et il faut les surmonter; il s'agit alors des problèmes qui s'imposent à nous.

Mais parfois des problèmes existent et ne sont pas traités, soit parce que personne ne se sent responsable de leur résolution, soit parce qu'ils n'ont pas été formellement identifiés, soit encore parce qu'ils sont tellement nombreux qu'on ne peut les traiter tous.

Examinons chacune des étapes :

■ **Étape 1 : choisir le problème à l'aide du diagramme de PARETO**
Pour illustrer ce point, prenons un exemple.

Exemple ▶ Une chaîne hôtelière qui a identifié les causes des réclamations reçues :
· Erreur dans la réservation
· Manque d'amabilité à l'accueil
· Parking complet
· Attente à la réception
· Télécommande télévision en panne
· Environnement bruyant
· Facture non détaillée
· Manque de diversité dans la carte (restaurant)
· Plats servis froids

Il n'est pas sûr que tous ces problèmes soient résolus spontanément; on en veut pour preuve le fait que des réclamations malgré tout existent.
Il va falloir choisir parmi ces réclamations car il n'est pas certain que l'on ait les moyens de traiter tous ces problèmes simultanément.

Nous allons utiliser un diagramme de PARETO pour identifier quelle est la réclamation la plus fréquente.

Voici le tableau des fréquences obtenues :

· Erreur dans la réservation	1
· Manque d'amabilité à l'accueil	2
· Parking complet	3
· Attente à la réception	2
· Télécommande télévision en panne	2
· Environnement bruyant	3
· Facture non détaillée	16
· Manque de diversité dans la carte (restaurant)	2
· Plats servis froids	19
Total	50

A partir de ces informations, on construit le diagramme de Pareto !

Motif	Fréquence	%	Cumul	%
1. Plats servis froids	18	36	18	36
2. Facture non détaillée	12	24	30	60
3. Parking complet	8	16	38	76
4. Erreur dans la réservation	4	8	42	84
5. Manque d'amabilité à l'accueil	2	4	44	88
6. Attente à la réception	2	4	46	92
7. Télécommande télévision en panne	2	4	48	96
8. Environnement bruyant	1	2	49	98
9. Manque de diversité dans la carte (restaurant)	1	2	50	100
Total			50	

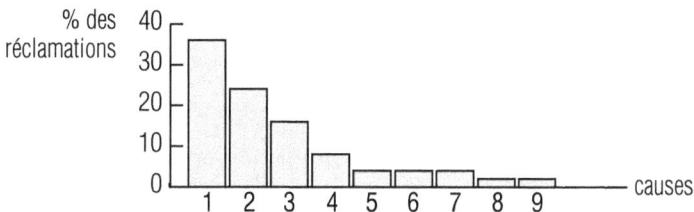

Il ressort de ce tableau que 2 réclamations «Facture non détaillée» et «plats servis froids» représentent à elles deux 60 % des réclamations enregistrées. La résolution de problème se concentrera sur ces 2 situations. Nous venons ainsi de choisir le problème à traiter.

■ Étape 2 : Analyser le problème à l'aide du questionnement QQOQCCPP

Pour analyser avec précision le problème, nous utilisons un outil très pratique le questionnement QQOQCCPP.

Il consiste à appliquer au problème à résoudre toute une série de questions : Qui ? quoi ? où ? quand ? comment ? combien ? pourquoi ? pour quoi ?

- **QUI?** Qui ressent les effets du problème? Qui est concerné?
- **QUOI?** En quoi cela pose problème? Quel est l'effet?
- **OÙ?** Où cela se situe-t-il?
- **QUAND?** Depuis quand? Depuis quand le problème est il apparu?
- **COMMENT?** Comment apparaît le problème?
- **COMBIEN?** combien de réclamations avons-nous? De quelles autres données chiffrées disposons-nous? Combien ce problème nous coûte-t-il?
- **POURQUOI** faut-il s'intéresser au problème?

Nous examinerons 2 angles : la gravité et la fréquence

GRAVITE
- Pour le client :
- Pour l'entreprise

FREQUENCE
Un problème similaire est il intervenu dans le passé?

■ Étape 3 : Rechercher les causes possibles

❑ Méthode :

1. On va rechercher toutes les causes possibles en ne tenant pas compte dans un premier temps des données d'analyse

2. On va classer ces causes dans 5 rubriques :

– MATIÈRE	– MAIN-D'ŒUVRE
– MILIEU	– MÉTHODE
– MOYENS	

Exemple ▶ **Les boissons chaudes servies par une machine sont imbuvables**

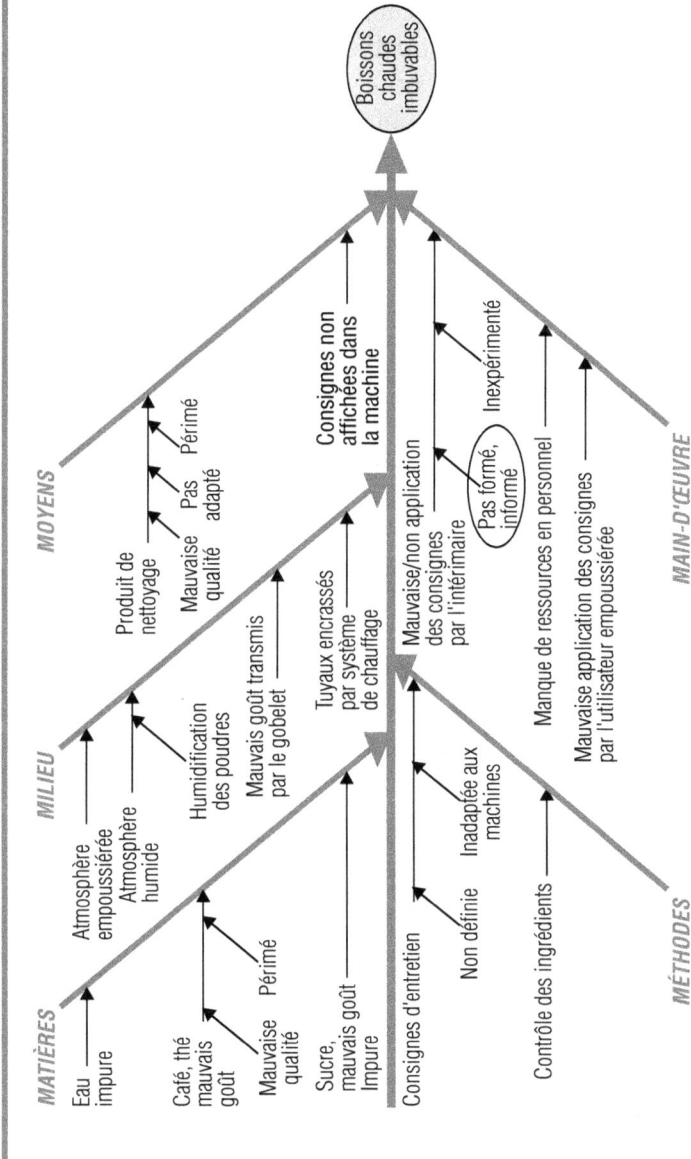

Recherche des causes possibles pour des boissons chaudes imbuvables

MATIÈRES
- Eau impure
- Café, thé mauvais goût
- Mauvaise qualité — Périmé
- Sucre, mauvais goût — Impure

MILIEU
- Atmosphère empoussiérée — Atmosphère humide
- Humidification des poudres
- Mauvais goût transmis par le gobelet

MOYENS
- Produit de nettoyage
- Mauvaise qualité — Pas adapté — Périmé

MÉTHODES
- Consignes d'entretien — Non définie — Inadaptée aux machines
- Contrôle des ingrédients
- Tuyaux encrassés par système de chauffage
- Consignes non affichées dans la machine

MAIN-D'ŒUVRE
- Mauvaise/non application des consignes par l'intérimaire — Pas formé, informé — Inexpérimenté
- Manque de ressources en personnel
- Mauvaise application des consignes par l'utilisateur empoussiérée

3. Puis on va prendre en compte les données d'analyse : des causes vont se supprimer

Une fois toutes les causes possibles listées et classées on va retenir les causes probables, les autres étant éliminées de par la connaissance qu'on en a. Puis il s'agit de remonter à la cause à l'origine pour traiter définitivement le problème :

- CAUSES PROBABLES À TESTER
- CAUSE RETENUE
- REMONTER À L'ORIGINE DU PROBLÈME.

Le principe de l'outil « 5P » consiste à se poser successivement la question du pourquoi, 5 fois. Dans la pratique, on s'arrête quand on arrive à la cause à l'origine.

▨ Étape 4 : Rechercher les solutions
On se centre sur la cause à l'origine.

▨ Étape 5 : Essayer/tester
Si l'une des solutions n'a jamais été mise en œuvre, elle et testée.

▨ Étape 6 : Décider : matrice de décision
Pour choisir la solution la plus efficace, nous allons utiliser une matrice de décision qui va « noter » chacune des solutions retenues selon 3 critères : par exemple, ici nous avons choisi l'efficacité, les coûts, la facilité de mise en œuvre.

L'échelle des notes est la suivante : 3 = le plus favorable 2 = moyennement 1 = peu.

	Solution 1	Solution 2
Efficacité	2	3
Coûts	2	1
Facilité de mise en œuvre	1	3
Total	5	7

La solution N° 2 est retenue car elle a la meilleure note.

▨ Étape 7 : Appliquer le plan d'action
Le plan d'action va formaliser qui fait quoi et dans quel délai.

Qui	Quoi	Pour quand

▨ Étape 8 : Suivre l'efficacité grâce à des indicateurs

Il nous faut piloter la démarche avec un indicateur d'efficacité et de surveillance.

2.4 Trucs et astuces

Vous vous apercevrez vite que les opinions sont têtues et que la production de faits est difficile à obtenir. Pour vous en convaincre faites ce test.

Parmi les phrases ci-dessous, lesquelles expriment des faits, et lesquelles des opinions ?

Pour celles qui expriment des opinions, comment se formuleraient des phrases fondées sur des faits ?

	Fait	Opinion
1. Cette nouvelle machine tombe très souvent en panne		
2. Les clients ne veulent pas de ce produit		
3. Il y a beaucoup de rebuts ce mois-ci.		
4. Ce coursier travaille bien, il faut l'augmenter.		
5. Cette personne n'est pas du tout faite pour un travail de précision		
6. Mon atelier est trop petit, je suis obligé d'entreposer des pièces dans la cour où elles s'abîment très vite.		
7. Je n'ai pas assez de monde, il faut m'embaucher du personnel		
8. Dans le temps les ouvriers étaient bien plus sérieux; aujourd'hui pour un oui ou pour un non, on ne vient pas travailler.		

En définitive, ce ne sont que des opinions. Et voici leur reformulation au niveau des faits.

	Fait	Opinion
1. Cette nouvelle machine tombe très souvent en panne Ce mois-ci, cette nouvelle machine est tombée 8 fois en panne, l'ancienne une fois.		X
2. Les clients ne veulent pas de ce produit Nous avons contacté 50 clients. Aucun n'a voulu acheter ce produit.		X
3. Il y a beaucoup de rebuts ce mois-ci Nous avons 3 fois plus de rebuts que pour la moyenne des 6 derniers mois.		X
4. Ce coursier travaille bien, il faut l'augmenter. Ce coursier n'a pas été en retard une seule fois ce mois-ci.		X
5. Cette personne n'est pas du tout faite pour un travail de précision Le contrôle effectué ce matin sur le travail de ce gars-là a révélé 3 erreurs de précision.		X
6. Mon atelier est trop petit, je suis obligé d'entreposer des pièces dans la cour où elles s'abîment très vite Mon atelier fait 30 m2. Les pièces à entreposer représentent une superficie de 50 m2. J'entrepose des pièces dans la cour. Le taux de pièces corrodées est 2 fois plus important dans la cour que dans l'atelier.		X
7. Je n'ai pas assez de monde il faut m'embaucher du personnel J'ai 3 000 heures vendues ce mois-ci et je ne dispose que de 2000 heures disponibles.		X
8. Dans le temps les ouvriers étaient bien plus sérieux; aujourd'hui pour un oui ou pour un non, on ne vient pas travailler Le taux d'absentéisme est 2 fois plus élevé aujourd'hui qu'il y a 10 ans. Et la gravité des motifs d'absence est 3 fois plus faible comparativement à il y a 10 ans.		X X

Savoir que nous formulons fréquemment des opinions est intéressant, mais comment obtenir que l'on passe aux faits?

Une astuce consiste à demander aux participants de décrire une situation réelle en rapport avec le sujet. Et pour stimuler la production de faits, il convient de poser des questions pour préciser quand a lieu cette situation, où elle s'est produite, quels intervenants elle a mis en scène. Vous verrez dès que le 1er participant se sera exprimé, les autres «prendront le pli». Chacun se rend compte que cette exigence est très formatrice et génératrice de valeur ajoutée. Et chacun réfléchit à deux fois avant de formuler une opinion, car il sait qu'il lui sera demandé de décrire un fait pour la valider.

Une deuxième astuce permet d'obtenir facilement des données chiffrées. Vous vous apercevrez vite que le plus souvent les participants répugnent à donner des chiffres ou bien disent ne pas en disposer.

La technique à utiliser est celle de la «fourchette». Si par exemple vous cherchez à faire préciser la fréquence d'apparition d'une panne machine, commencez par demander l'échelle de temps utilisée par votre interlocuteur : raisonne-t-il à l'année, au mois ou à la semaine? Puis proposez-lui une alternative par exemple de 0 à 100 ou plus de 100. A cette question, votre interlocuteur saura répondre. Et au fil des questions, resserrez la fourchette. Vous serez surpris de constater combien il est facile de cerner la vérité. Pour mettre à l'aise le participant, dites-lui que vous recherchez un ordre de grandeur, pas le chiffre précis.

Une troisième astuce se rapporte au 5M et permet d'étoffer de manière rigoureuse le diagramme. Reprenons le résultat du brainstorming. Imaginons qu'un participant ait sorti «entretien de la machine». Il nous faut classer cet item dans l'arborescence.

Le «truc» consiste à se poser successivement les questions suivantes. Peut-il s'agir d'une cause relative à la méthode? A cela nous répondons par l'affirmative en précisant que soit la méthode d'entretien n'est pas définie (elle n'existe pas, soit elle n'est pas adaptée.)

Dans un 2e temps, nous posons la question : peut-il s'agir d'une cause liée à la main-d'œuvre? Effectivement, la méthode d'entretien peut ne pas avoir été appliquée par le technicien, soit pas du tout, soit de manière incorrecte.

Enfin, nous pouvons nous interroger sur la déclinaison de l'item «entretien de la machine» dans la rubrique «moyens». Il peut s'agir de l'absence d'outillage ou du mauvais état de l'outillage destiné à réaliser l'entretien.

Nous terminerons cette rubrique en considérant l'étape «appliquer la solution».

Les placards des entreprises sont remplis de plans d'action inachevés ou à l'efficacité douteuse!

Un bon moyen de réussir un plan d'action est de rechercher ce qui peut faire obstacle à sa réalisation satisfaisante. Ce peut être pour une question de moyens ou plus fréquemment pour un motif lié à la motivation d'un groupe d'individus par exemple. En face de l'obstacle, il faut rechercher le levier sur lequel agir. Dans le cas présent, le passage par un leader d'opinion permettra d'entraîner à sa suite les personnes peu motivées.

3. METTRE EN PLACE UN PROCESSUS DE TRAITEMENT DE RÉCLAMATIONS CLIENTS

Le processus de traitement des réclamations va inclure à la fois le recueil des réclamations (nous l'avons abordé dans le premier chapitre), le traitement curatif (qui consiste à agir auprès du client mécontent) et le traitement correctif (faire en sorte que la cause de la réclamation ne réapparaisse pas).

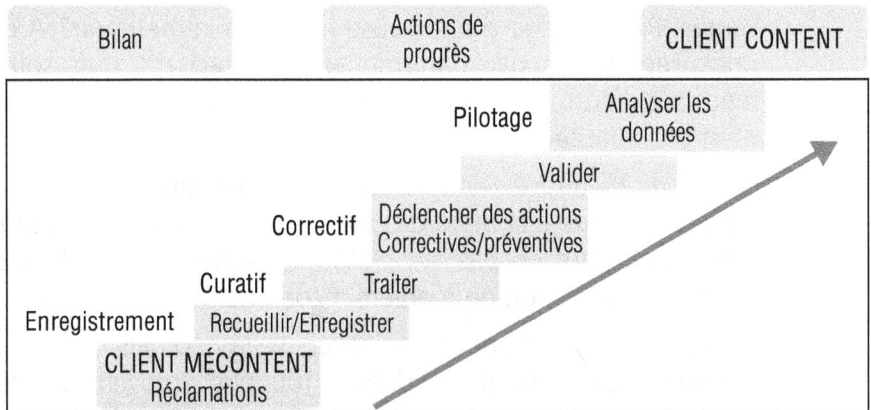

Détaillons ce processus.

3.1 Recueillir et traiter toute expression d'insatisfaction des clients

C'est s'imposer des résolutions fermes :

- S'inscrire dans un processus d'écoute clients.
- Préserver l'image de marque de l'entreprise : faire bien à tous les coups.
- Conserver ses clients insatisfaits, profiter de la chance qu'ils nous donnent pour les garder…
- Disposer de données objectives sur le niveau qualité de leurs prestations.
- Améliorer durablement la satisfaction de ses clients en déclenchant des actions de progrès.
- Changer l'état d'esprit, porter un autre regard sur les réclamations :
  - Une réclamation ne doit pas être vécue comme une sanction, un problème.
  - Une réclamation est une « chance » : conserver ses clients et progresser.
  - Transformer de la paille en or !

▨ Voici un QUIZ pour votre auto-diagnostic
Chez vous, vous diriez :

Affirmations	Plutôt vrai	Plutôt faux
Vous savez en combien de temps un client mécontent est contacté		
Ce délai est inférieur à 4 jours		
Votre entreprise aide vos clients à s'exprimer (enquête, numéro vert, bilans)		
Vous êtes quasiment sûr qu'aucune réclamation n'est perdue		
Les clients mécontents sont traités selon une pratique définie, non au « feeling »		
Chaque réclamation est enregistrée et traitée		
Un client mécontent est une priorité		
Un manager peut traiter lui-même une réclamation		

.../...

Affirmations	Plutôt vrai	Plutôt faux
Chaque réclamation fait l'objet d'action corrective pour en éviter le renouvellement		
Vous connaissez les grandes causes de réclamations des clients. Cette évaluation repose sur des faits chiffrés		
Vous connaissez les points forts de votre société		
Vous avez un objectif de progrès lié aux réclamations		
Les réclamations sont pour votre entreprise une opportunité pour progresser		
Une réclamation peut ne pas être justifiée		
Le client vous juge sur votre capacité à traiter une réclamation		
Votre entreprise cherche véritablement à savoir ce que pensent d'elle ses clients		
Les coûts liés aux réclamations sont calculés		
Un bilan des réclamations est fait au moins tous les 6 mois		

▨ Bilan du QUIZ :

❏ en dessous de 8 réponses plutôt vrai, vous êtes en bonne voie mais vos opportunités de progrès sont encore importantes ;

❏ de 8 à 15 vous êtes réellement en bonne voie ;

❏ au-dessus de 15 votre entreprise va se placer parmi les meilleures !

Pour traiter efficacement les réclamations, il faut tout d'abord recueillir ces réclamations, nous l'avons vu, et surtout enregistrer et centraliser ces données (auprès d'un responsable du traitement des réclamations).

Ces règles seront définies dans une procédure et/ou un guide pratique de traitement des réclamations (voir chapitre 3 qui donne un exemple de procédure).

3.2 Faire face à une réclamation

Ce qu'attend un client qui exprime une réclamation :

❏ D'abord et avant tout que sa réclamation soit entendue! Et cela de façon la plus simple possible : est-ce bien raisonnable de demander à un client qui vous exprime au téléphone sa profonde insatisfaction de vous adresser un courrier pour qu'elle puisse être prise en compte? Une réclamation orale doit avoir autant de valeur qu'une réclamation écrite.

❏ Ensuite, que quelqu'un lui assure que sa réclamation a été prise en compte, et rapidement. Le transfert des réclamations aux personnes qui vont les traiter doit être une priorité. C'est à l'entreprise de contacter le client, pas à lui de rappeler.

❏ D'être pris au sérieux : C'est aussi une attente d'un client déçu. Il faut toujours se mettre à sa place et non rester dans sa tour d'ivoire. Un client mécontent qui est traité de façon désinvolte et à qui on fait répéter son problème à chaque fois qu'il contacte l'entreprise ne va pas rester client longtemps!

❏ D'être traité en adulte mais pas en professionnel compatissant à vos difficultés : traiter une réclamation ce n'est pas forcément accepter tout du client; c'est parfois aussi lui dire non si sa demande est injustifiée et c'est surtout ne pas rentrer dans des détails techniques pour lui expliquer le pourquoi et le comment. Cela ne l'intéresse pas. Les dysfonctionnements de votre entreprise, c'est votre problème pas le sien!

❏ De recevoir des excuses et/ou un dédommagement. S'excuser si c'est justifié n'est pas un signe de faiblesse mais de respect et de compréhension

❏ D'avoir la garantie que le problème qu'il vient de subir ne se renouvellera pas. Il a accepté une erreur de votre part mais il ne le tolérera pas deux fois!

Ces attentes induisent pour les personnes qui vont avoir à gérer les réclamations des attitudes d'écoute et d'empathie et pour l'entreprise de créer un circuit de traitement simple et efficace.

Dans tous les cas vous éviterez de fuir, de chercher à minimiser le problème, de culpabiliser le client, de dénigrer votre entreprise.

3.3 Déclencher des actions curatives pour fidéliser ces clients déçus

Il faut donc faciliter le recueil et le transfert rapide d'informations, définir les informations indispensables à recueillir si on veut pouvoir y répondre rapidement et efficacement : nom du client, ses coordonnées et références, type de produit/prestation concernés, date,..... Ces infos sont reprises sur une fiche d'enregistrement. Cet enregistrement sera complété d'informations sur le suivi.

Ensuite il convient de traiter l'insatisfaction du client.

Il faut le contacter rapidement pour bien comprendre sa réclamation et le rassurer sur le fait que cette réclamation est prise en compte. On peut le faire par courrier ou mieux par téléphone (toute dépend de la gravité de la réclamation).

■ Des bonnes pratiques pour écrire une lettre de réponse

- Être réactif: réponse en 48 heures.
- Personnaliser la relation. Pas d'écrit stéréotypé non adapté. Un interlocuteur identifié avec ses coordonnées.
- Être authentique, clair, transparent.
- Expliquer, mais pas trop.
- Rester cohérent entre le ton et l'action.
- Refaire l'historique, s'engager à tenir le client informé.
- S'adapter à son interlocuteur.

Exemple ▶ Monsieur Goinard,

Je viens de prendre connaissance de votre lettre de réclamation concernant votre commande n° 56 (erreur de référence des produits).

Je comprends votre mécontentement. J'ai transmis immédiatement votre dossier à notre service expédition pour qu'il prenne contact avec vous dans les plus brefs délais.

Vous pouvez être persuadé que notre entreprise va mettre tout en œuvre pour traiter rapidement ce différent et conserver votre confiance.

Veuillez agréer, Monsieur Goinard, l'expression de nos sentiments respectueux.

Ce premier pas est important mais pas suffisant. Maintenant le client veut qu'on lui propose une solution pour le dépanner tout de suite ou un dédommagement si c'est trop tard. Que peut-on faire pour que ce sentiment, cette déception qu'il ressent laisse à nouveau place à la confiance qu'il avait en notre entreprise.

Selon les entreprises on peut établir des «grilles de compensation» qui définissent en interne la compensation apportée au client mécontent en fonction de :

- l'importance du préjudice,
- le type du client.

Exemple

▶ **Réclamation sur un délai avec préjudice : bon d'achat**

▶ **Réclamation sur un délai sans préjudice : lettre d'excuse**

▶ **Réclamation sur le produit : on échange et on livre gratuitement.**

La solution proposée doit recueillir l'accord du client. Parfois des négociations peuvent s'enclencher. L'idée n'est pas de tout accepter, de tout refuser mais de trouver une solution satisfaisante à la fois pour le client et l'entreprise (qui conserve son image et son client).

Attention aux vœux pieux, tout engagement vis-à-vis du client mécontent doit être respecté (rien n'est pire que de le décevoir à nouveau !).

On mettra donc en œuvre la solution validée.

Et puis au final, avant de clôturer ce traitement curatif, on peut imaginer de vérifier le retour à la satisfaction. Notre client a-t-il été satisfait de la façon dont a été traitée sa réclamation ? On peut imaginer de le faire ponctuellement par téléphone ou par enquête.

Beaucoup d'entreprises constatent que l'on fidélise facilement un client mécontent dont on traite efficacement la réclamation.

Tout ce traitement va être précieusement enregistré.

3.4 Décider d'actions correctives pour garder vos futurs clients

Déclencher des actions correctives, c'est décider de s'attaquer aux causes des réclamations et supprimer définitivement le problème.

Traiter une réclamation :
1 - CURATIF (vers le client)
2 - CORRECTIF (en interne, agir sur les cause)

Cette analyse va reprendre tous les éléments et outils que nous avons vus précédemment dans le cadre de la résolution de problème.

Nous avons les faits (recueillis auprès des clients), mais il est possible de les compléter de données internes :

- Depuis quand avons-nous ce problème ?
- Quelle est l'importance réelle du problème (par exemple un client réclame à propos d'un produit défectueux ? : Allons en stock vérifier les produits avant expédition pour quantifier plus précisément le nombre de produits défectueux.)
- Recherchons la cause profonde du problème et décidons de la mise en œuvre des actions qui garantiront le non-renouvellement de cette réclamation du client mécontent mais surtout d'autres clients.

■ La validation de l'efficacité sera programmée

Au final la réclamation est soldée quand notre client mécontent a retrouvé le sourire et confiance en notre entreprise et que nous avons en interne toute assurance sur le fait que ce dysfonctionnement ne pourra réapparaître !

Nous pouvons alors archiver notre fiche de réclamation entièrement complétée.

Réclamation n°	
Client : Produit : Date :	Objet de la réclamation : Source :
Contact client le :	Proposition faite le :
	OK client le :
Vérification réalisation	Commentaires
Validation satisfaction	Commentaires

Cause(s) à l'origine :	Cause première :
Action corrective **Modification document?**	**Délai Pilote Fait le**
Validation de l'efficacité **À chaud** **À froid**	**Action préventive décidée**

3.5 Exploiter les précieuses données recueillies

Quelles informations analyser ?

▨ Les réclamations

❏ En quantité

– Combien de réclamations ?
– Quel est le pourcentage par rapport à la « production » ?
– Quelle est l'évolution par rapport à l'année dernière ?

❑ En « qualité »

– Sur quoi porte l'essentiel des réclamations ? sur quels produits ou prestations ?
On utilisera le diagramme de Pareto.

– Les coûts liés aux réclamations.
Combien coûte le traitement administratif de la réclamation (temps passé) ? Combien a coûté la compensation ? Quels sont les coûts indirects induits ? (Déplacement d'un commercial. Frais commerciaux.)

– Les différents délais de traitement.
Contact client.
Proposition acceptée.
Réclamation soldée.

– Les bilans des actions correctives et/ou préventives.

Exemple ▶ **Imaginons le constat d'une société de location de voitures**

▶ **En global des réclamations stables/l'année dernière.**

▶ 70 réclamations l'année dernière pour 5 700 locations soit 1,22 %.

▶ Cette année, nous avons enregistré 55 réclamations pour 4 470 locations soit 1,23 %. Pas d'évolution significative par rapport à l'année dernière.

Année n-1	1,22 %
Année n à fin août	1,23 %
Tendance	☺

73% de nos réclamations sont dues à l'état mécanique et la propreté de nos véhicules
(20 % des facteurs de réclamations). Ceci pour Deauville et Rouen.

Répartition des réclamations en %

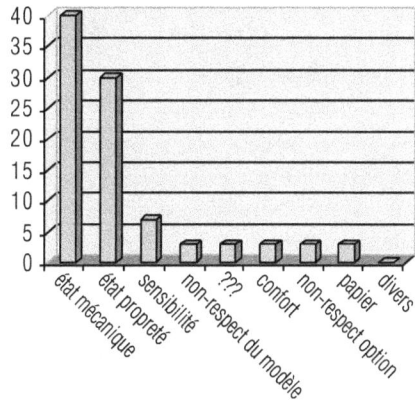

Alerte : **une dérive des réclamations d'avril à octobre** (période de suractivité) constatée l'année dernière et confirmée cette année.

% des réclamations/mois année N et année n-1

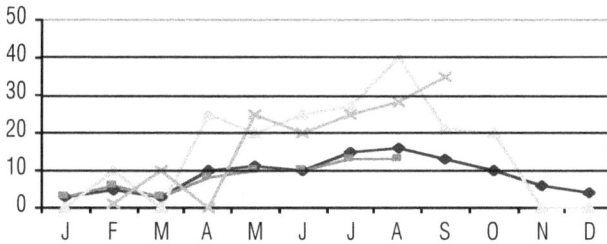

Délai moyen de contact client 3 jours.
90 % des réclamations sont traitées en 4 jours ou moins de 4.

Répartition du délai contact client

- 1 jour
- 2 jours
- 3 jours
- 4 jours
- 5 jours
- 7 jours

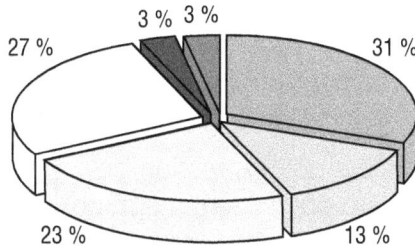

3 % 3 %
27 %   31 %
23 %   13 %

► **Délai moyen de traitement complet** en 8,5 jours avec une étendue entre 1 et 20 jours.

durée du traitement en %

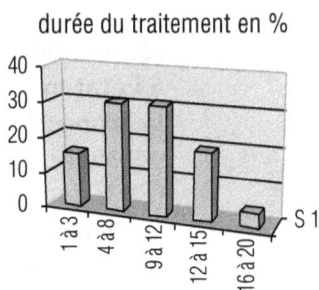

4. Spécial qualité de service : se concentrer sur le parcours client

Souvent trop occupé à traiter les réclamations, élaborer un tableau de bord, ou trop centré sur le cahier des charges des clients on oublie que le client juge l'entreprise dans sa globalité et que chaque moment où il est en contact avec elle est l'occasion pour lui d'établir un diagnostic.

Si l'on veut prendre le regard du client, il faut alors prendre du recul et ne plus raisonner produit ou service mais globalement parcours client dans l'entreprise.

4.1 Le parcours client dans l'entreprise : parcours du combattant ou chemin tranquille ?

Le parcours du client est celui qu'il emprunte à partir du moment où il exprime le besoin, le désir de travailler avec vous et se termine après paiement.

Alors de l'expression de son besoin au moment où il ne garde plus qu'un sentiment positif de votre entreprise que s'est-il passé ? Quel parcours a-t-il pris ? Quel a été le déroulement vécu par le client ?

Prenons le cas simple d'un cabinet vétérinaire :

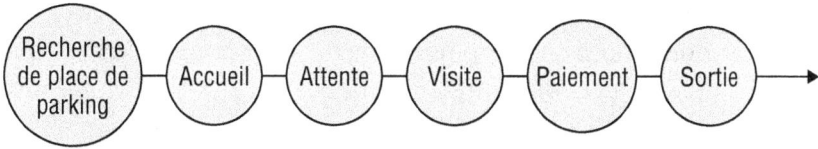

Chaque étape est une interaction avec l'entreprise, visible par le client (front office), à valeur ajoutée. Chaque étape va influencer la perception globale du client. Elle doit donc être identifiée par l'entreprise comme phase clé, étudiée, passée au crible (scénario catastrophe).

Elle peut être associée à des standards de service qui garantiront la satisfaction du client.

Et surtout mesurée, validée : pour nous assurer que nous avons la garantie de sa maîtrise et de son efficacité en terme de satisfaction client.

Dans une société industrielle, le parcours client peut commencer au standard, continuer au service commercial et à la réception du produit et s'achever par le paiement de la facture.

4.2 Les moments de vérité du client et le scénario du pire

Les moments de vérité sont chaque instant fort de l'interaction.

Dans les faits, c'est :

- Ce que voit le client (par exemple dans un hall d'accueil, ou en déballant un produit)
- Ce qu'il entend (des employés, des autres clients)
- Ce qu'il lit (ah! certaines notices d'utilisation! certaines factures erronées!)
- Ce qu'il ressent (sentiment d'être un affreux gêneur ou une personne vraiment importante à qui on veut rendre service…)

Tout ce qui en définitive lui laissera un souvenir déterminant sur la qualité de service.

Ces moments de vérité sont autant d'interfaces avec l'environnement, le cadre, le personnel à son contact direct (front office) et indirect, les autres clients, les supports de communication, les produits....

Exemple ▶ Qui n'a jamais eu l'expérience de :
– la recherche laborieuse d'une entreprise mal signalée,
– l'arrivée comme un chien dans un jeu de quille dans une réception où la standardiste à la coiffure incertaine rabroue au téléphone un client puis se met à parler de son week- end à sa collègue après s'être plainte des clients pénibles («y en a vraiment marre parfois!») devant un bouquet de fleurs défraîchi,
– la conversation d'employés dans un ascenseur qui parlent des dysfonctionnements de l'entreprise,
– la lettre l'informant du retard d'une livraison déjà reçue à l'heure,
– etc.

Chaque moment de vérité est implacable ! Il est conditionné par tout un ensemble de paramètres sur lesquels il est important d'agir :

- le personnel; on touche là à la fois au comportement, à la compétence et à l'apparence.
- l'environnement; le cadre, les moyens à disposition, l'accès,
- les produits et la prestation elle-même,
- la documentation que l'entreprise adresse à ses clients : bon de commande, factures, lettres diverses.

Pour prévoir le meilleur il faut parfois savoir prévoir le scénario du pire. Le risque de ne pas satisfaire les clients est d'autant plus grand qu'aucune réflexion n'a été engagée à ce sujet. On fait des AMDEC processus dans l'entreprise (Analyse de Modes de Défaillances, de leur Effets et de leur Criticité : en fait des analyses de risques que nous verrons plus loin) mais pas forcément sur le parcours client.

Anticiper c'est diminuer le risque et revoir le scénario du pire c'est imaginer à quels moments de vérité «désastreux». À quels incidents le client peut être confronté et comment surtout l'éviter ou comment en diminuer l'impact.

Exemple ▶ **Par exemple, que peut-il nous arriver de pire chez un coiffeur?**

Etapes	Moments de vérité/scénario du pire
Prise de rendez-vous	Personne désagréable et inefficace
Arrivée	Personne ne s'intéresse à vous Le personnel ne vous inspire pas confiance (propreté douteuse) Idem pour le cadre Un client ressort furieux! Ça sent mauvais!
Attente	Du retard dans les rendez-vous
Shampoing	De l'eau trop froide ou trop chaude
Coupe	Pas de catalogues de modèles disponibles Une coupe ratée! Une panne d'électricité : pas de séchage possible Vous attendez mais vous avez déjà lu 6 fois toutes les revues disponibles La coiffeuse est bavarde! trop!
Sortie	Votre sac à main a été volé! La caissière se trompe en vous rendant la monnaie

Bon, c'est vrai! On a poussé un peu loin! Mais cela ne pourrait-il jamais arriver?

Si! Sûrement! Alors que faire pour éviter de faire subir cela aux clients et de les voir s'envoler chez la concurrence ravie…

4.3 Assurer la qualité à tous les coups, créer des standards qualité

Il s'agit de réfléchir aux moyens à mettre en place pour éviter ces dysfonctionnements.

Parfois les moyens passent par la formalisation d'un standard (pris au sens large).

C'est quoi un standard de service ?

- Une procédure pour définir la façon de faire.
- Un guide de bonnes pratiques pour rappeler les bons comportements.
- Un cahier des charges pour les locaux.
- Un « Basm » (bonjour, au revoir, sourire, merci) pour acquérir les bons réflexes.
- Un standard de tenue du personnel.
- Une définition de mission

Exemple ▶ **Reprenons notre salon de coiffure.**

Quels standards mettre en place ? De quels moyens avons-nous besoin pour garantir la satisfaction des clients à tous les coups ?

Cela passe peut-être par une phase d'analyse intermédiaire rationnelle qui pourrait se résumer ainsi :

Etapes	Moments de vérité/ scénario du pire	Possible ou pas ?	Moyens	Standard ?
Prise de rendez-vous	Personne désagréable	Oui	Formation	Standard accueil téléphonique
	inefficace	non		
Arrivée	Personne ne s'intéresse à vous	Oui	Formation du personnel	
	Le personnel ne vous inspire pas confiance (propreté douteuse)	Oui		Tenue à définir
	Idem pour le cadre	Oui !	balayage toutes les deux heures	Cahier des charges local
	Un client ressort furieux !	Oui	formation (gestion des clients mécontents)	
	Ca sent mauvais !	Non		

.../...

Etapes	Moments de vérité/ scénario du pire	Possible ou pas?	Moyens	Standard?
Attente	Du retard dans les ren-dez-vous	Oui	Surveillance individuelle	Planning
Sham-poing	De l'eau trop froide ou trop chaude	Non		
Coupe	Pas de catalogues de modèles disponibles	Oui	Prévoir renou-vellement	
	Une coupe ratée!	Oui	Compétence des employés	
	Une panne d'électricité : pas de séchage possi-ble	Non		
	On attend mais on a déjà lu 6 fois tous ses journaux	Oui	Prévoir renou-vellement	
	La coiffeuse est bavarde! trop!	Oui	Consignes	Bonnes pratiques
Sortie	Votre sac à main a été volé!	Oui	Casiers sécu-risés	
	La caissière se trompe en me rendant la mon-naie	Non		

Le plus long reste à faire, définir qui s'occupe de quoi, qui est responsable de quoi, dans quel délai pour mener à bien le plan d'action.

L'écriture de standard n'est pas compliquée : il faut faire simple et bien ciblé. Réfléchir en groupe à ce qu'il est incontournable de noter par écrit et ce qui deviendra un réflexe, une pratique commune, partagée. Les mauvaises choses arrivent toutes seu-les. Seules les bonnes choses sont à prévoir!

Exemple ▶ Standard pour l'accueil téléphonique

· Moins de 4 sonneries.

· Renvoi automatique sur le standard.

· «Société, nom et prénom de l'interlocuteur, à votre service».

· Mise en attente «infos services».

· Ton aimable.

· Reformulation pour s'assurer que l'on a compris le besoin.

Exemple ▶ Accueil à une réception d'entreprise

• Besoins clients	• Nos réponses
– Être pris en considération rapidement.	– Échange visuel et sourire dans les 30 secondes.
– Être réellement accueilli.	– Hôtesse en tailleur entreprise.
	– Bureau rangé.
– Être orienté dans le bonne direction.	– Bonjour, sourire, regard « Que puis-je faire pour vous ? ».
– Attendre dans de bonnes conditions.	– Des panneaux de signalisation une couleur par service, s'assurer de la compréhension.

Le respect des standards va dépendre de la volonté des managers à les mettre en application.

Faire bien du premier coup en respectant les standards induit :

– Du personnel formé aux bonnes pratiques.
– Du personnel reconnu, fier de son travail, responsable, autonome.
– Des moyens adaptés.

Cela induit aussi de vérifier parfois l'application de ces standards de manière informelle ou formelle : audits, clients mystères, contrôles ponctuels.

4.4 Exprimer vos engagements qualité pour vous démarquer!

La perception de la qualité peut être influencée. Celle d'une non-qualité peut être aussi atténuée (par l'information par exemple).

L'entreprise doit rechercher comment faire percevoir au client son niveau Qualité : une communication formelle par les médias, mais aussi plus subtile par ses clients (bouche à oreille), par le personnel (qui reflète une image très flatteuse de son entreprise).

Beaucoup de sociétés de service pour se différencier de la concurrence et pour aider le client à percevoir la qualité de leurs prestations expriment de façon rationnelle des engagements de services. Le message est à peu près : «chez nous, vous serez satisfait à tous les coups et plus encore... voici à quoi l'on s'engage».

Un engagement de service est une promesse qui permet de rendre «concret» le niveau Qualité, donc de séduire le client.

❏ Affirmer sa qualité de service.
❏ Affirmer sa différence.

Mais attention : la promesse augmente aussi le risque de déception : s'engager oui, ni trop, ni trop peu.

Un engagement peut porter sur le résultat : «vos photos en 24 heures» ou sur les moyens «du personnel à votre écoute».

Afficher des engagements est tentant, séduisant, mais l'engagement impose des moyens et des contraintes de résultats.

Au final 5 étapes clés :

1. Quelles sont les attentes des clients sur lesquelles il peut être intéressant de s'engager? (évitons de travailler sur des évidences, «un médecin compétent» c'est plutôt de l'implicite non?)
2. Quel est notre niveau de qualité que l'on veut atteindre (moins de 5 minutes d'attente ce n'est pas pareil que moins de 15 minutes!)

3.Comment être sûr d'y répondre à tous les coups (scénario du pire, moyens et standard)
4.Qui est responsable du respect de l'engagement?
5.Comment allons-nous assurer que l'on y répond bien à chaque fois – enquête, client mystère (faux client payé par l'entreprise pour vérifier que les dispositions prévues sont bien appliquées) –

Le mieux est de ne communiquer que lorsque les 5 étapes ont été réalisées avec succès.

4.5　Développer la culture client

Le challenge de la qualité de service inclut naturellement le développement de «l'esprit client» de toutes les personnes qui vont, directement ou non, assurer votre image auprès de vos clients. L'aspect technique de la qualité autour de l'organisation de l'entreprise est une chose, sa dimension humaine en est une autre.

Développer une culture client c'est avant tout montrer, démontrer, assurer au client que vous l'aimez.

QUIZ

Faisons un test.

Quel genre de phrases entendez-vous dans votre entreprise? La version A, celle qui démontre une volonté de satisfaire le client, ou la version B, celle du «client, le gêneur!»?

Premier contact	
A – Bonjour, que puis-je pour votre service?	B – C'est pour quoi?
Vous connaissez le client	
A – Bonjour Monsieur Chaumont	B – Bonjour
Et ensuite	
A – Ai-je répondu à votre demande?	B – C'est tout?
En cas d'erreur d'interlocuteur	
A – Désolé, ce n'est pas moi qui m'en occupe, mais je vais vous mettre en relation avec le bon interlocuteur	B – Moi, je peux rien pour vous!
Le client part	
A – Au revoir, bonne journée	B – Au suivant!…
En cas de doute	
A – Veuillez patienter je me renseigne	B – J'en sais rien moi!
En cas de réclamation	
A – je vais prendre l'objet de votre réclamation et l'adresser immédiatement à notre responsable qui vous rappellera dans les 48 heures	B – Envoyez-moi ça par écrit.
Prise de rendez-vous	
A – Quand seriez-vous disponible à partir du 17?	B – Je ne peux que le 17!
Le client n'a pas compris	
A – J'ai dû mal vous expliquez.	B- Vous le faites exprès ou quoi?
En cas de retard	
A – Rappelez-nous demain pour en savoir plus	B – Je vous recontacte demain pour vous tenir au courant.
Vous ouvrez un dossier	
A – C'est Monsieur Dupond qui suivra votre dossier	B – Votre numéro de dossier est le 5678
Vous expliquez un contrat	
A – Avec ce contrat vous bénéficiez de…	B – Vous avez droit à…
En cas d'insatisfaction	
A – Je comprends votre déception	B – Si vous n'êtes pas content, on ne vous retient pas

La sensibilisation du personnel à la qualité de service est un fondement sur lequel il faut s'appuyer. Assurez-vous que les personnes en contact direct avec le client sont convaincues que chaque contact est un moment de vérité à réussir.

Chaque collaborateur agit sur la fidélisation des clients. C'est une forte responsabilité qu'il doit assumer pleinement en ayant les moyens de le faire.

Moyen mnémotechnique

Pour aider chacun à comprendre comment satisfaire ses clients voici un moyen mnemotechnique simple.

Service comme.....

S comme Sourire : le client ne veut pas en face de lui des personnes tristes ou de mauvaise humeur. Il recherche de l'amabilité et la sincérité. Le sourire en face-à-face et même au téléphone est le premier cadeau à faire au client.

E comme Ecoute : le client attend de votre entreprise une écoute dynamique, attentive.

R comme Respect : un client doit être respecté car c'est lui qui vous fait vivre. Il a des droits (mais aussi des devoirs) et a toujours (en tout cas souvent) raison.

V comme Vérité : la vérité est toujours bonne au client. Pas celle qui va dénigrer l'entreprise mais celle qui évitera toute déception au client. Vous faites des promesses au client tenez-les! ou ne les faites pas!

I comme Intérêt! cherchez à tout moment à montrer au client l'intérêt que vous lui portez : par le regard, les questions que vous lui posez, les solutions que vous lui apportez, la reformulation que vous utilisez pour lui montrer que vous l'avez compris.

C comme Confort. Le client attend de votre entreprise du confort, il vous achète pour être tranquille, pas pour se créer des ennuis : dès que vous le pouvez, facilitez-lui la vie, et surtout ne la lui compliquez pas!

E comme Etonnement. Etonnez vos clients, surprenez-les par des attentions qui vous démarqueront de la concurrence.

Et surtout pas comme **Pire**

P comme problème : la qualité de service c'est apporter des solutions pas des problèmes.

I comme indifférence : rien pour le client n'est pire que l'indifférence c'est impression de ne pas être là, voire de gêner!

R comme rappel : un client n'a pas à vous rappeler, c'est à l'entreprise de le faire!

E comme échec du client perdu!

A retenir

1 – Un projet qualité se gère comme un projet d'entreprise : planning, comité de pilotage, ressources.

2 – Le plan d'action détermine qui fait quoi et dans quel délai (plus précisément quelles actions de progrès seront lancées au sein de l'entreprise, qui en est responsable et pour quelle date, avec quels objectifs mesurables associés).

3 – Dans l'entreprise chaque service contribue directement ou indirectement à la satisfaction des clients. C'est important de l'expliquer à chacun individuellement.

4 – La qualité se veut concrète : elle se traduit donc dans l'entreprise par des indicateurs.

5 – Un tableau de bord qualité permet à la direction et aux managers de suivre la satisfaction des clients, la conformité du produit ou du service, l'avance du projet qualité (axes d'améliorations), les coûts qualité.

6 – Pour résoudre un problème, une méthode et huit étapes :
- Choisir le problème
- Analyser le problème
- Rechercher la cause
- Rechercher les solutions
- Essayer les solutions
- Décider de la solution
- Appliquer la solution
- Suivre l'efficacité des actions entreprises.

7 – Les causes d'un problème proviennent souvent des 5M d'Ishikawa (Matières premières, Milieu, Méthode, Moyens, Main-d'œuvre).

8 – Rigueur et créativité, deux atouts pour résoudre efficacement des problèmes.

9 – Un fondamental en qualité est le traitement des réclamations clients. C'est souvent par là que l'on commence à agir. Un client qui réclame est un client qui vous aime car il vous donne l'opportunité de le garder !

10 – Le parcours client doit être balisé de bonnes pratiques : du standard à la facturation rien ne doit être laissé au hasard.

11 – Aimez vos clients !

12 – La qualité de service ne s'improvise pas.

CHAPITRE 3

S'organiser pour aller plus loin

1. UNE ORGANISATION PAR PROCESSUS C'EST MIEUX!

1.1 Les apports de l'approche processus

Un processus est «un ensemble d'activités corrélées ou interactives qui transforment des éléments d'entrée en éléments de sortie (résultats)» en y apportant de la valeur ajoutée.

On peut parler de processus de réalisation, de fabrication (transformer des matières premières en produit fini) mais aussi de processus «gérer les ressources humaines» qui consiste à partir d'un besoin et à aboutir à avoir une personne compétente à son poste. Le processus a un périmètre bien défini (un début et une fin) et un client qui va juger de sa qualité.

Le client peut être externe (par exemple dans un processus de livraison) ou interne (dans un processus de conception).

La notion brute de processus est peu originale mais elle devient beaucoup plus intéressante si on ajoute une obligation de transversalité : les activités qui s'enchaînent dans un processus sont réalisées par différentes entités de l'entreprise et de multiples métiers. Ce qui implique des relations clients fournisseurs efficaces.

C'est la norme ISO 9001, suivie par de nombreuses entreprises, qui impose cette notion d'approche processus.

Dans les faits, cela change-t-il beaucoup de choses?

Oui et non. Le cœur du métier de l'entreprise reste inchangé, les fonctions des personnes restent identiques. Ce que va apporter l'approche processus, c'est le décloisonnement de l'entreprise.

La priorité n'est plus à la structure hiérarchique mais à l'efficacité **par la transversalité et la synergie entre les métiers**. On ne raisonne plus «département, service» mais processus.

Les métiers sont au service d'un processus et surtout au service de leur client commun au travers du processus.

Prenons un exemple et regardons ce qui se passe dans une entreprise «standard».

Le service conception réalise un nouveau produit dont le service marketing avait défini la cible, les besoins et attentes des clients. Une fois le produit conçu il sera testé, mis en essai, en fabrication.

Chaque service remplit son rôle, mais de façon très cloisonnée et un tel fonctionnement peut aboutir à une accumulation de non-qualités dont chacun va renvoyer la responsabilité à l'autre.

L'approche processus va dynamiser la synergie entre les services. On peut décider de formaliser un processus «mettre sur le marché un nouveau produit» avec un client et des objectifs bien définis. Maintenant chacun devient contributeur de ce processus. Chacun participe de façon formelle (comme dans le cadre de la gestion de projet) à une finalité commune.

Cette organisation induit un chef d'orchestre, «propriétaire du processus» ou «pilote du processus».

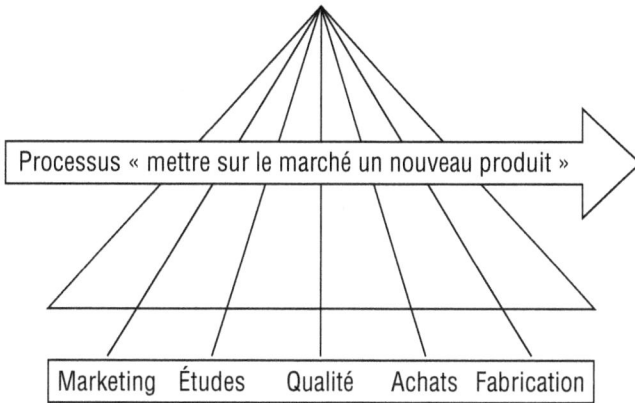

De même pour prendre un autre exemple : on peut passer du service RH (mission des personnes travaillant aux ressources humaines) à la notion de processus «gérer les ressources humaines» qui va faire intervenir à la fois les RH mais aussi tous les chefs de service, la direction pour remplir une même mission : assurer la compétence du personnel.

L'approche processus c'est donc :

- Une réflexion sur les grandes activités clés de l'entreprise.
- Une volonté de décloisonner l'entreprise, et de faire travailler ensemble les différents métiers, en synergie.
- Une responsabilisation de chacun qui n'est plus un «pion» dans une équipe mais un contributeur de processus.
- Une recherche permanente de plus d'efficacité à travers la simplicité et la force des processus. Le résultat est plus facilement atteint (qualité, coût, délai) lorsque les ressources et activités concernées sont gérées comme un processus.
- Le développement de la relation client fournisseur interne, la gestion fluide des interfaces entre services mais aussi entre processus.

■ La gestion des interfaces au sein d'un processus

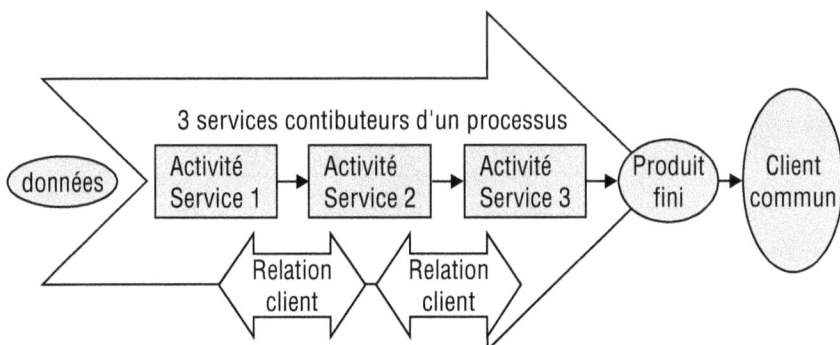

3 services contibuteurs d'un processus

données — Activité Service 1 → Activité Service 2 → Activité Service 3 → Produit fini — Client commun

Relation client — Relation client

■ La gestion d'interfaces entre deux processus

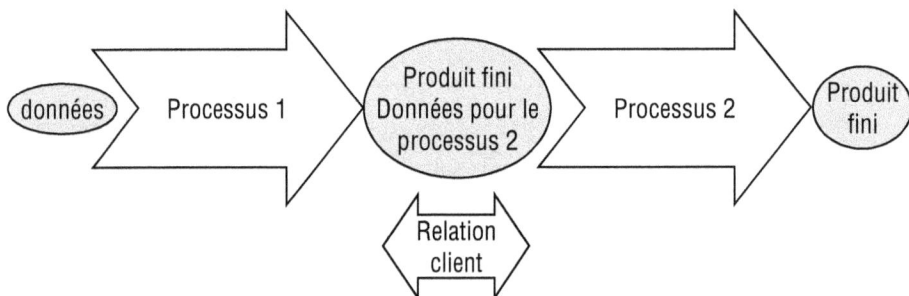

données — Processus 1 — Produit fini Données pour le processus 2 — Processus 2 — Produit fini

Relation client

1.2 La cartographie des processus et la notion de pilote

La première étape pour une entreprise qui cherche à s'organiser par processus pour mieux servir ses clients est d'identifier, de répertorier les processus clés de son entreprise.

On va distinguer trois types de processus :

– Les processus métiers dont l'impact est direct sur le client. Ces processus, d'ailleurs, partent du client (son besoin) et aboutissent (normalement) à sa satisfaction.
– Les processus de support, de soutien ou contributeurs qui permettent aux processus métiers de se réaliser.
– Les processus de management qui permettent au pilote d'améliorer en permanence le système.

L'exercice d'identification des processus incite le comité de direction à mener une réflexion approfondie à propos des clients et des métiers de l'entreprise. Elle permet de décrire comment les hommes, les ressources, les processus sont organisés pour permettre la satisfaction des clients et pour s'améliorer en permanence.

Les processus identifiés (entre 10 et 15), on peut établir la cartographie des processus de l'entreprise. Celle-ci permet :

- de partager une vision globale de l'entreprise,
- d'avoir une vision décloisonnée de l'entreprise (on ne raisonne plus hiérarchie),
- de remettre le client au cœur de l'entreprise et d'avoir la volonté générale de progresser (on part des besoins des clients, on aboutit à sa satisfaction avec une recherche permanente d'amélioration),
- de mettre en avant les processus clés de l'entreprise.

Exemple d'une cartographie de processus

■ **Exemple de cartographie**

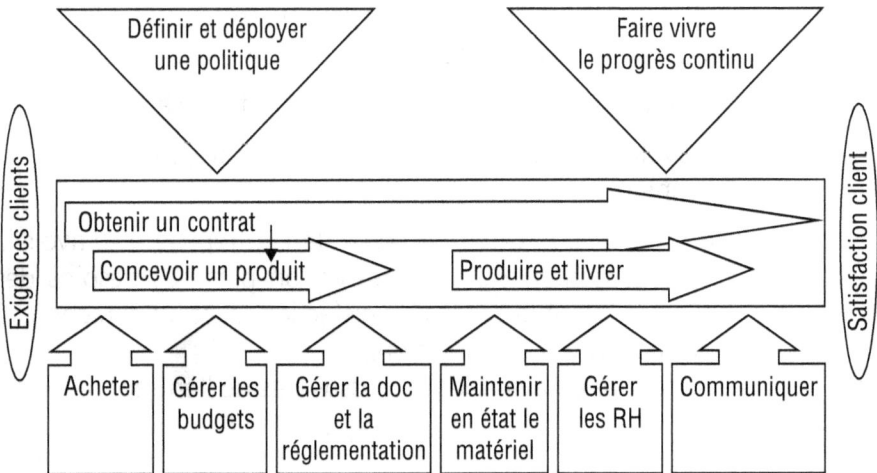

1.3 Décrire un processus pour clarifier l'organisation

Avant de se demander si le processus est maîtrisé, si l'on peut l'améliorer, on entreprendra de l'analyse, de le mettre à plat, en répondant aux questions suivantes :

- **Quel est le bénéficiaire du processus ?** son ou ses client(s) ?
- **Quelle est sa finalité ?** à quoi sert-il ?
- **Quel est son périmètre ?** on démarre où, pour aller où ?
- Quels sont les éléments **de sortie** fournis (le produit, le service, les documents…) ? sont-ils réutilisés en données d'entrée dans un autre processus **(processus aval)** ou servent-ils en tant que moyens pour un autre processus **(processus bénéficiaires) ?**

- **Quels sont les besoins des clients?** Quelles sont les exigences des bénéficiaires par rapport à ce produit ou service?
- **Quels sont les indicateurs** permettant de mesurer le respect de ces exigences?
- **Quelles sont les activités de surveillance** qui nous permettent de nous assurer en cours de réalisation que le processus fonctionne correctement. Ces activités qui peuvent être des activités de contrôle seront définies éventuellement à partir d'une analyse de risques (point développé plus loin).
- **Qui sont les acteurs?** les services contributeurs?
- **Qui le pilote?**
- **Quelles sont les données d'entrée** dont on a besoin pour réaliser le produit fini? Qu'est-ce qui déclenche le processus? De quel processus proviennent-elles (processus amont)
- **Quelles sont les grandes activités du processus**? Quels sont les principaux moyens utilisés? De quels processus proviennent-ils?
- **A quelles contraintes**, réglementations le processus est il soumis?

On peut aussi compléter cette analyse par la réflexion sur les **risques associés au processus** et **à la documentation associée** (qui va décrire de quelle manière sont réalisées les activités). Ces deux points : analyse du risque et documentation seront développés plus loin.

Toutes les données sont reprises dans ce qu'on appelle une fiche d'identité processus qui décrit le fonctionnement et la réalisation du processus.

Elle formalise les réponses obtenues aux questions ci-dessus selon une structure type.

■ **Exemples de processus dans l'industrie : Processus de fabrication**

FICHE D'IDENTITÉ DE PROCESSUS «PRODUIRE»
Domaine : Fabrication   Export
Approuvé le :   par :

PROPRIÉTAIRE : Responsable fabrication

ENJEUX, FINALITÉS DU PROCESSUS (QUALITÉ, DÉLAI, COÛT) : Produire des meubles conformes aux spécifications internes en maîtrisant les coûts de revient

DONNÉES D'ENTRÉE : Ordre de fabrication, matières premières

DONNÉE DE SORTIE : Produit fini emballé, en magasin

PROCESSUS AMONT : Traitement de la commande

PROCESSUS AVAL : Livraison-installation

BÉNÉFICIAIRES : Le magasin, et au final les clients particuliers

ACTEURS : Approvisionnement – fabrication – service contrôle – magasin

CONTRAINTES : Spécifications internes, normes produits, réglementations techniques machines

DOCUMENTS ASSOCIÉS : Procédures P10 et P13

INDICATEURS DE PERFORMANCE :	Nb réclamations clients (aspect, assemblage, emballage) Nb produits non conformes détectés en interne Note de démérite
ACTIVITÉS DE SURVEILLANCE :	Contrôle des vitesses des machines Température du four Autocontrôle

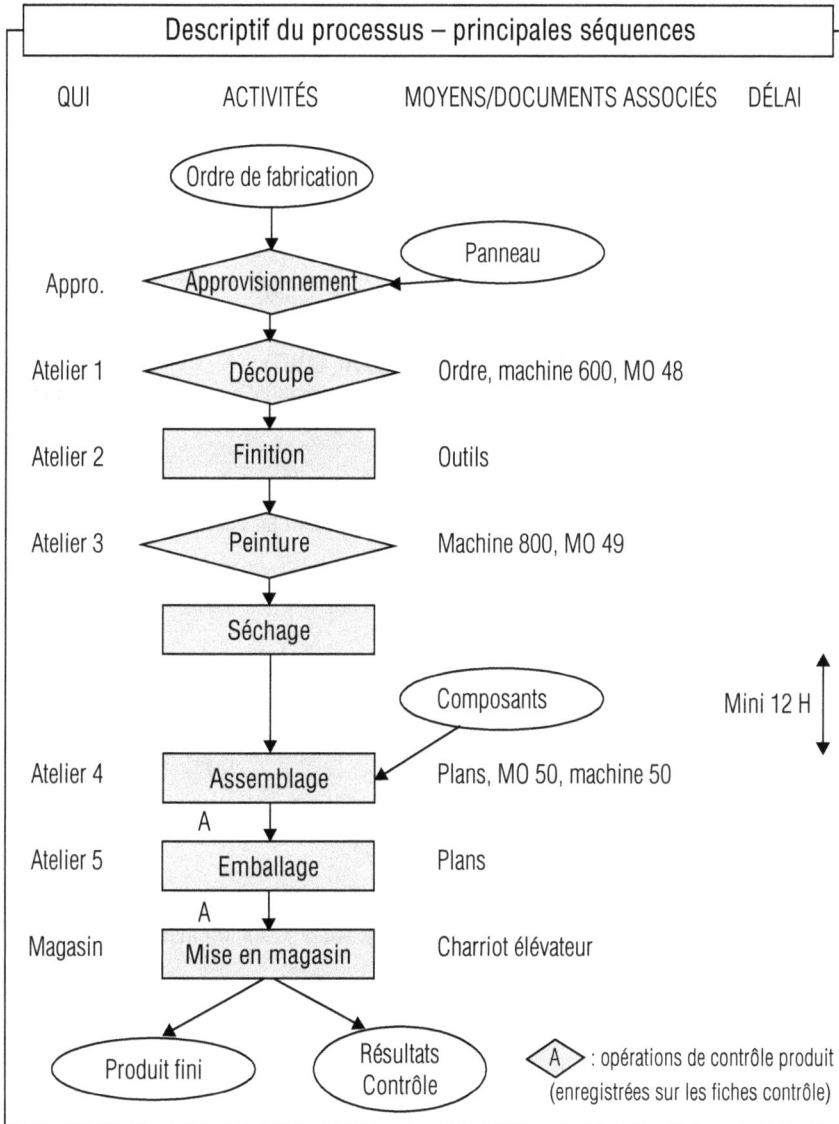

Descriptif du processus – principales séquences

QUI	ACTIVITÉS	MOYENS/DOCUMENTS ASSOCIÉS	DÉLAI

Ordre de fabrication

Appro. — Approvisionnement — Panneau

Atelier 1 — Découpe — Ordre, machine 600, MO 48

Atelier 2 — Finition — Outils

Atelier 3 — Peinture — Machine 800, MO 49

Séchage

Composants — Mini 12 H

Atelier 4 — Assemblage — Plans, MO 50, machine 50

A

Atelier 5 — Emballage — Plans

A

Magasin — Mise en magasin — Charriot élévateur

Produit fini — Résultats Contrôle

⟨A⟩ : opérations de contrôle produit
(enregistrées sur les fiches contrôle)

FICHE D'IDENTITÉ DE PROCESSUS

PROCESSUS «GÉRER LES RESSOURCES HUMAINES»

Rédigé le :   par :

Approuvé le :   par :

PROPRIÉTAIRE : Responsable des ressources humaines.

ENJEUX, FINALITÉS DU PROCESSUS (QUALITÉ, DÉLAI, COÛT) :
Assurer en permanence l'adéquation de l'ensemble du personnel aux métiers de l'entreprise.

PÉRIMÈTRE DU PROCESSUS :
Données d'entrée : Besoins entreprise, stratégie.
Données de sortie : Dossier individuel, personnel compétent en poste

BÉNÉFICIAIRES : Le personnel, les chefs de service,

PROCESSUS AMONT : Processus de direction.

PROCESSUS AVAL : Processus bénéficiaires : tous

ACTEURS : Les chefs de service, le personnel, la RH.

CONTRAINTES : Lois sociales, plan stratégique, budget.

RISQUES LIES AU PROCESSUS : Perte d'investissement et insatisfaction du personnel en cas de non application des compétences acquises ou suppression du métier.

DOCUMENTS ASSOCIES : Procédures de recrutement et de formation.

INDICATEURS DE PERFORMANCE :	Note adéquation poste/compétence. Nombre de demandes de recrutement externe.
ACTIVITÉS DE SURVEILLANCE :	% réalisation au plan de formation

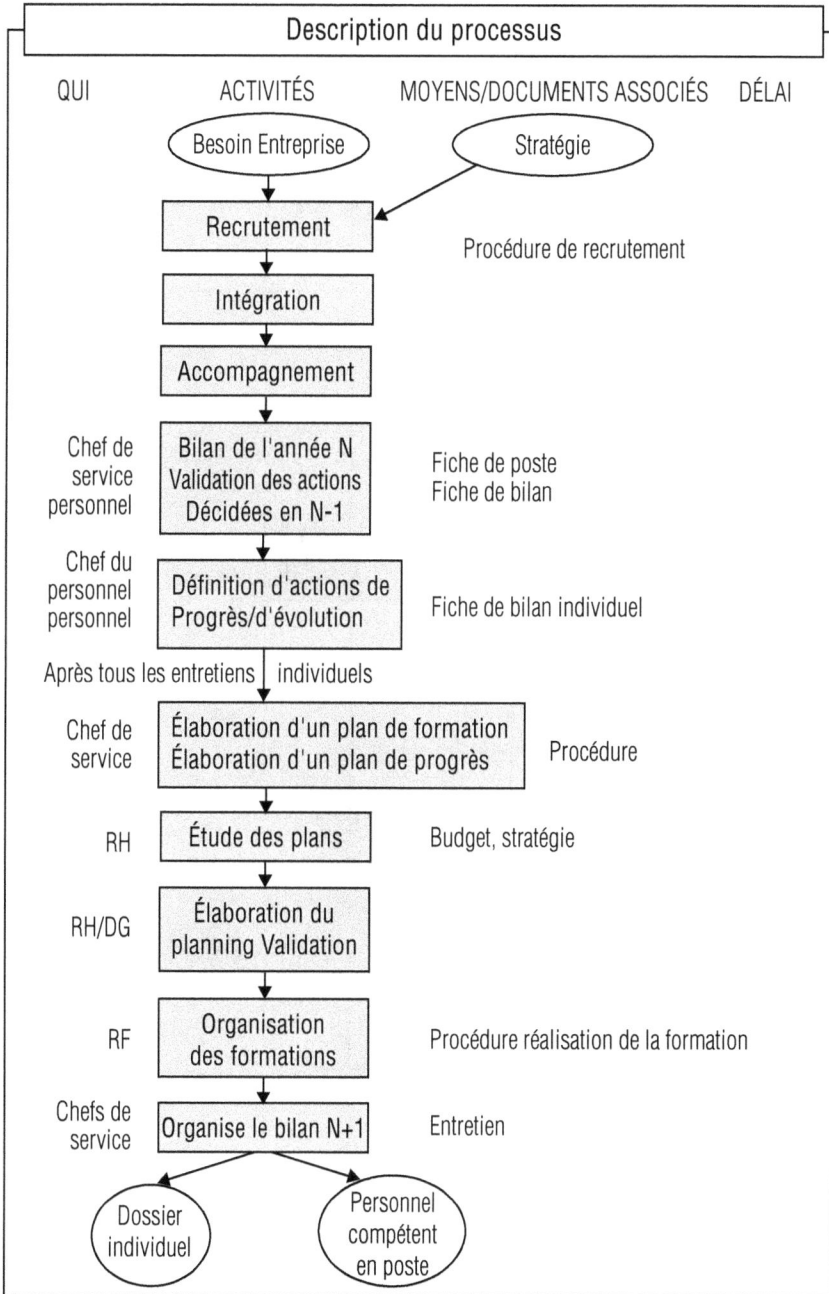

Description du processus

QUI	ACTIVITÉS	MOYENS/DOCUMENTS ASSOCIÉS	DÉLAI

Besoin Entreprise — Stratégie

Recrutement — Procédure de recrutement

Intégration

Accompagnement

Chef de service personnel — **Bilan de l'année N / Validation des actions Décidées en N-1** — Fiche de poste / Fiche de bilan

Chef du personnel personnel — **Définition d'actions de Progrès/d'évolution** — Fiche de bilan individuel

Après tous les entretiens | individuels

Chef de service — **Élaboration d'un plan de formation / Élaboration d'un plan de progrès** — Procédure

RH — **Étude des plans** — Budget, stratégie

RH/DG — **Élaboration du planning Validation**

RF — **Organisation des formations** — Procédure réalisation de la formation

Chefs de service — **Organise le bilan N+1** — Entretien

Dossier individuel — Personnel compétent en poste

Les processus peuvent en fait être décrits de différentes manières.

Extrait norme AFNOR FDX 50-176 «management par les processus» :

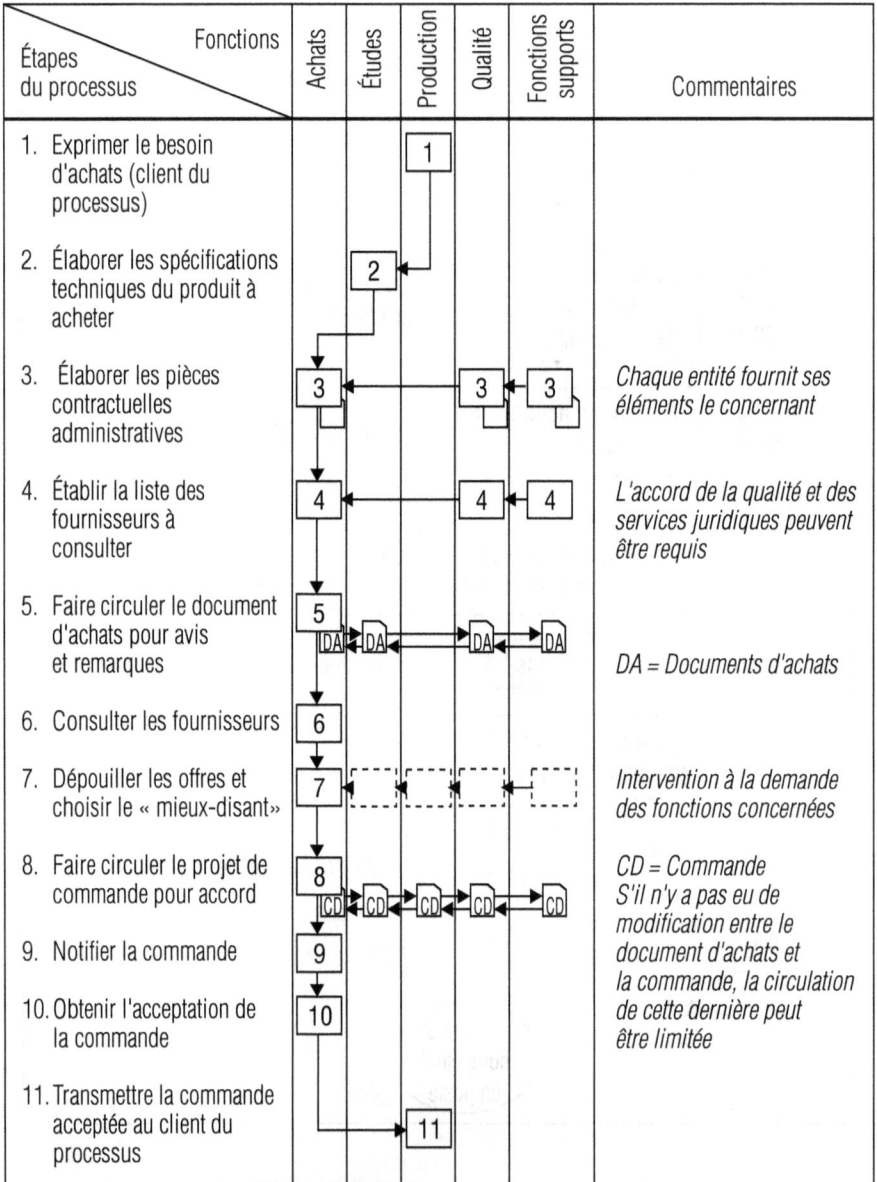

Étapes du processus ╲ Fonctions	Achats	Études	Production	Qualité	Fonctions supports	Commentaires
1. Exprimer le besoin d'achats (client du processus)			[1]			
2. Élaborer les spécifications techniques du produit à acheter		[2]				
3. Élaborer les pièces contractuelles administratives	[3]			[3]	[3]	*Chaque entité fournit ses éléments le concernant*
4. Établir la liste des fournisseurs à consulter	[4]			[4]	[4]	*L'accord de la qualité et des services juridiques peuvent être requis*
5. Faire circuler le document d'achats pour avis et remarques	[5] DA	DA		DA	DA	*DA = Documents d'achats*
6. Consulter les fournisseurs	[6]					
7. Dépouiller les offres et choisir le « mieux-disant»	[7]					*Intervention à la demande des fonctions concernées*
8. Faire circuler le projet de commande pour accord	[8] CD	CD	CD	CD	CD	*CD = Commande* *S'il n'y a pas eu de modification entre le*
9. Notifier la commande	[9]					*document d'achats et la commande, la circulation*
10. Obtenir l'acceptation de la commande	[10]					*de cette dernière peut être limitée*
11. Transmettre la commande acceptée au client du processus			[11]			

Définir les responsabilités et autorités permet de clarifier les contributions de chacun dans le processus et donc empêcher les dysfonctionnements liés à l'organisation.

Pour chaque activité il faut définir QUI :

❏ applique (A)

❏ décide (D)

❏ décide en cas d'absence (d)

❏ est Informé (I)

Exemple

Activités du processus	Fonction 1	Fonction 2	Fonction 3
Acheter des prestations	D	d	
Revue des exigences du client	I	A	
Evaluation des fournisseurs	A	A	I

■ **Associer au processus les bons indicateurs de performance**

Pour trouver les bons indicateurs de performance, il suffit parfois de bien raisonner autour de la finalité du processus, en se demandant :

1 – quelle est la finalité ?

2 – quels sont les points clés de cette finalité autour de laquelle construire la réflexion ?

3 – quels sont les paramètres à mesurer ?

4 – quels sont les indicateurs de performance qui me permettent de mesurer ces paramètres ?

Prenons l'exemple d'un processus administratif.

Mission/finalité/ objectif	Point-clé	Paramètres de mesure	Indicateurs de performance
Assurer la gestion des dossiers d'assurance dans les meilleures conditions de délai, de coût et de qualité	Rapidité de traitement de la demande	Temps de traitement	Délai entre le dépôt du dossier et sa transmission au service demandeur
	Régularité du règlement des prestations	Respect de la date des règlements	Nbre de jours de retard en moyenne
	Qualité de service	Réclamations dont erreurs imputables à l'organisme	Nbre erreurs constatées/dossier traités Nbre réclamations
	Coût service	Coût fonctionnement	Dépassement de budget

Les indicateurs de surveillance servent à mesurer si le processus se déroule correctement. Ils permettent de suivre des activités ou des ressources critiques ou de détecter les dérives.

Mission/finalité/ objectif	Point-clé	Activité et ressources critiques	Détection	Indicateurs de surveillance
Assurer la gestion des dossiers dans les meilleures conditions de délai, de coût et de qualité	Rapidité de traitement de la demande	Etape de Préparation des dossiers	Quantité de dossiers en cours	Nb de dossiers en cours (étape 1)
	Régularité du règlement des prestations	Payer les prestations	Ancienneté des paiements	Date de paiement le plus ancien
	Qualité de service	Etape 2	Non-conformité	Taux rejets de l'agent comptable à l'étape 2
	Coût service	Toutes les étapes	Productivité	Nbre de dossiers traités/agents

1.4 Et cela se pilote comment un processus ?

Revenons sur la notion de PDCA qui est la base des démarches d'amélioration et à ses 4 phases – planifier, faire, vérifier, agir – vont être appliquées au processus par le pilote.

P : le pilote, définit des objectifs de progrès à ces indicateurs de performance (on s'assurera de la cohérence avec la politique qualité). Il devra peut-être au préalable mesurer la situation actuelle. Il formalise son plan d'action qui va lui permettre d'atteindre ses objectifs. Ce plan d'action le conduit peut-être à décliner des objectifs aux différents services contributeurs de son processus :

❏ Que me faut-il pour atteindre mes objectifs ?

❏ Quels sont les objectifs intermédiaires à fixer aux services concernés ?

❏ Quelles actions de progrès doit-on lancer ?

❏ Dans quel délai ?

❏ Qui sera responsable ?

❏ De quelles ressources avons-nous besoin ?

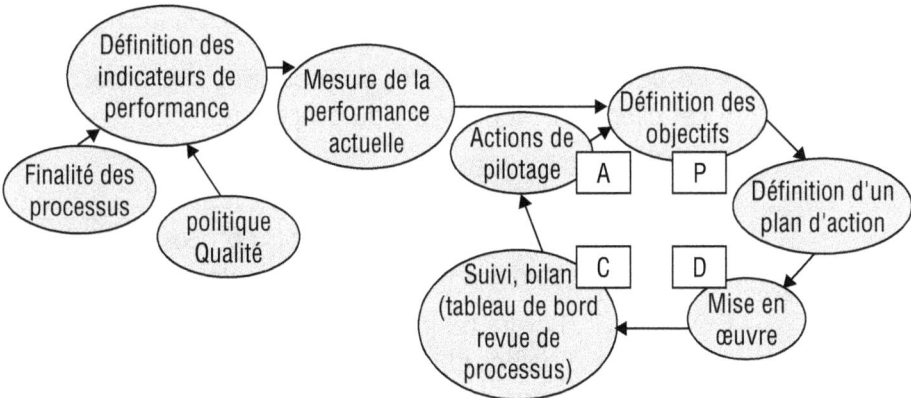

D : le plan d'action, est mis en œuvre et suivi.

C : le contrôle, est effectué par le pilote qui fait des points réguliers, surveille ses indicateurs, organise des revues de processus pour faire des bilans plus complets.

A : agir pour mettre en œuvre des actions pour corriger si besoin ou valider les résulats.

Piloter, c'est aussi motiver, inciter chacun à participer à l'amélioration.

Le pilote aura donc à cœur de permettre à ses clients, mais aussi à tout le personnel intervenant sur le processus d'exprimer des idées d'améliorations, de faire des propositions concernant les méthodes de travail ou l'organisation.

L'amélioration proviendra aussi de l'exploitation positive des dysfonctionnements, incidents ou réclamations qui doivent être transformés en objectifs de progrès (voir dernière partie de ce chapitre).

Piloter, c'est aussi organiser des revues de processus.

- POUR QUOI FAIRE :
  - Garantir en permanence que les besoins et attentes du client du processus sont satisfaits.
  - Définir et/ou valider l'atteinte des objectifs d'amélioration de l'efficacité du processus.
  - Mesurer le niveau de progrès du processus.
  - Analyser toutes les données à disposition, identifier toute dérive du processus et mener les actions correctives nécessaires.

- QUI : les participants
  - Responsables des activités du processus concerné.
  - Les clients et fournisseurs du processus.

- COMBIEN : la fréquence
  - Au moins une fois par an.
  - Chaque fois que l'environnement du processus évolue.
  - Avant chaque point global avec la direction.

- COMMENT : l'ordre du jour
  - Revue des finalités et objectifs du processus.
  - Suivi des actions décidées lors des revues précédentes.
  - Analyse des indicateurs de performance (mesure de l'efficacité).
  - Vérification de la bonne adaptation des ressources.
  - Point sur les remontées du terrain (suggestions, alertes, dysfonctionnements constatés).
  - Exploitation des rapports d'audits internes et externes.

- Point sur les évolutions en cours.
- Analyse de ce que disent les clients (résultats d'enquêtes écoute client et analyse des réclamations)?
- Propositions d'améliorations et mise à jour du plan d'actions.

Les responsabilités du pilote du processus

❏ Ses missions :

- Veiller à l'efficacité du processus et le faire progresser. Le pilote doit donner envie d'agir.
- Assurer l'adéquation des caractéristiques du processus par rapport aux évolutions (attentes clients, état de la concurrence et du marché, évolutions technologiques). Il orchestre l'amélioration permanente de son processus et assure l'atteinte des objectifs.

❏ Plus concrètement **ses tâches** sont de :

- Valider et/ou créer la fiche descriptive en collaboration avec le service Qualité.
- S'assurer de la sensibilisation de chaque acteur du processus.
- Déclencher et faire vivre le PDCA.
- Pour toute modification ou évolution, ré-identifier les éléments d'entrée et de sortie du processus et les interactions avec les autres processus.
- Suivre et analyser les risques associés au processus en cas de modification.
- Être garant de la prise en compte des besoins clients (internes ou externes).
- Intégrer au processus et maîtriser toutes les exigences client, réglementaires, ou tout autre contrainte.
- Exploiter les audits internes comme source d'amélioration.
- Organiser et animer des revues de processus à une fréquence appropriée.
- S'assurer du déclenchement d'actions correctives et/ou préventives si besoin et coordonner les actions correctives et préventives.

- Évaluer les ressources nécessaires pour assurer en permanence l'efficacité du processus.
- Veiller à la mise à jour des documents associés au processus.
- Assurer l'amélioration permanente du processus : définir des objectifs de progrès et le plan d'action associé.
- Suivre les résultats, déclencher les actions de progrès nécessaires.

❏ Au final le pilote est garant de l'amélioration permanente du processus, et pour cela il doit savoir évaluer la maturité de son processus :
- 1er niveau : Le processus est décrit.
- 2e niveau : Le PDCA est mis en place.
- 3e niveau : Le PDCA est opérationnel.
- 4e niveau : Le PDCA est permanent et significatif.

Entre la direction, le service qualité et le pilote de chaque processus l'entente doit être parfaite. La direction fixe les orientations et donne les moyens et demande au pilote régulièrement un bilan de son processus (c'est en fait une synthèse sur format A4 de la revue de processus). Le service qualité aide, se positionne en ressource.

2. DES CONTRÔLES MAIS PAS TROP !

Un contrôle est la vérification systématique ou aléatoire de la conformité d'un produit ou d'une prestation, plus exactement la vérification d'une caractéristique de ce produit ou ce service :
- On contrôle le poids ou la longueur d'une pièce ;
- On vérifie la présence ou non de fautes d'orthographes dans une lettre.

Décrire un processus c'est se poser des questions sur les contrôles à réaliser sur ce processus en final ou tout au long du processus, (sa surveillance).

2.1 De la nécessité de contrôler ou pas?

Cela sert à quoi de contrôler? Cela sert à vérifier si oui ou non ce que l'on fabrique est bon, acceptable, satisfaisant pour le client. C'est une alerte que l'on met au début en cours ou à la fin d'une production.

Est-ce important? indispensable?... Oui et non.

L'entreprise idéale en terme de système qualité serait celle où l'on ne contrôle rien car tous les verrous, toutes les ressources sont là (en quantité et efficacité) pour garantir que le produit fabriqué est bon du premier coup.

Cette entreprise, admettons-le, reste idéale, et les contrôles restent un élément clé pour assurer le sourire de vos clients à tous les coups! Mais, attention, il s'agit de mettre les contrôles uniquement là où ils sont intelligents :

- Faut-il contrôler toutes les livraisons des fournisseurs quand on sait qu'ils le font très efficacement?
- Faut-il contrôler les produits en bout de ligne si un auto-contrôle efficace existe tout au long de la chaîne?
- Faut-il contrôler ses dossiers si l'on sait qu'il n'y a aucun risque d'erreur.

Cette notion de risque apparaît ici essentielle : un contrôle est décidé quand existe un risque d'une production non conforme, c'est-à-dire qui ne répond pas aux critères qualité qui ont été définis.

Mais avant de mettre en place un contrôle (qui va coûter cher et prendre du temps) il est judicieux de se demander s'il le risque existe, et si oui, si ce risque peut être diminué voire être supprimé. C'est ce qu'on appelle passer de la qualité subie à la qualité maîtrisée.

Qualité subie	Des contrôles nombreux Un constat a posteriori de non qualité
Qualité maîtrisée	Des contrôles ponctuels plus rares Une prévention en amont

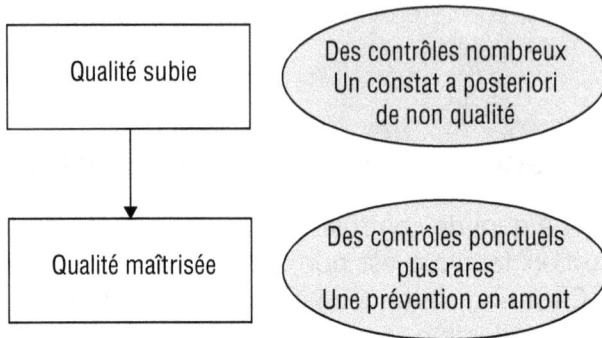

En fait, rêvons un peu :

Si on considère que les besoins des clients sont parfaitement exprimés et traduits en interne en données simples. Et,

Si les matières premières sont bonnes
Si les machines sont bien réglées, les moyens adaptés
Si les méthodes de travail sont parfaitement définies et pertinentes
Si les opérateurs, collaborateurs sont compétents, motivés au respect des méthodes définies
Si les conditions de travail (lumière ambiance, bruit) leur permettent de travailler correctement

Au total, si les 5 paramètres clés d'une production (Main-d'œuvre, Matières premières, Méthodes, Milieu, Moyens) sont maîtrisés, alors….pourquoi voulez vous que l'on puisse réaliser de mauvaises prestations? Donc pourquoi voulez-vous qu'il faille impérativement contrôler pour trier la non-qualité?

En fait dans la «vraie vie», ce n'est pas si simple. On s'efforcera toujours de privilégier la prévention et les contrôles seront là uniquement, ponctuellement, pour s'assurer qu'il n'y a pas de dérive.

Nous allons donc découvrir ensemble comment définir un plan de contrôle pertinent.

2.2 Prévention ou contrôle : l'AMDEC processus pour trouver le bon équilibre

L'AMDEC Processus (Analyse des Modes de Défaillances, de leurs Effets et de leur Criticité) est une technique d'analyse préventive qui permet :

❏ La recherche des défauts potentiels d'un produit ou d'un service engendrés par un processus.

❏ L'évaluation de leurs effets en clientèle (client de l'opération suivante ou client de l'usine aval ou client final).

❏ L'identification des causes possibles.

❏ La recherche d'actions préventives et leur mise en œuvre.

Le recours à une AMDEC est décidé, en règle générale pour tous les nouveaux processus, mais elle peut être appliquée aussi sur un processus existant pour valider/modifier son plan de contrôle, assurer définitivement sa fiabilité.

Pour réaliser un AMDEC processus (simplifié dans notre cas), 5 étapes sont à parcourir.

▨ Étape 1 : Définition et préparation de l'étude

Supposer que tout ce qui est en amont du processus analysé est conforme

– Définir le périmètre de l'étude (quel processus ou partie du processus).
– Constituer le groupe travail :
  • Prévoir un animateur ;
  • Participants permanents (ne pas changer les participants à chaque séance), prévoir de travailler avec les personnes du terrain et des personnes en contact avec le client.
– Mettre en place le plan de travail (planning des séances).
– Recueillir les données clés :
  • La décomposition du processus en activités sous forme de diagramme flux : l'historique qualité sur les produits similaires ;
  • Les contrôles déjà existants sur le processus (formels ou non) ;

- Les caractéristiques clés du produit (celles qui déterminent la satisfaction ou pas du client);
- L'historique qualité du processus : quels dysfonctionnements, quelles réclamations?

■ Étape 2 : Analyse et évaluation des non-conformités potentielles

A partir du diagramme flux, le groupe doit passer en revue toutes les opérations composant le processus :

– Rechercher les modes de défaillance du processus imputables à l'opération analysée qui vont créer des non-conformités du produit.
– Décrire, avec précision, l'effet pour le ou les client(s), de chaque non-conformité potentielle identifiée. Choisir le plus grave.
– Lister toutes les causes possibles de la non-conformité pouvant être générées par le processus.
– Lister les systèmes de détection en place (plan de contrôle/ surveillance existant).
– Évaluer les non-conformités potentielles : calculer l'indice de criticité.
– Hiérarchiser les non-conformités potentielles. :
  - On va coter la gravité G (cette non-conformité est-elle grave pour le client final ou l'opérateur suivant?). Cette cotation sera faite de 1 à 10 (1 aucune incidence réelle pour le client; 10 très grave, nous perdons le client, l'opérateur suivant ne peut réaliser sa tâche).
  - On cotera aussi l'occurrence O, la probabilité d'apparition de ce défaut (1 aucun risque d'apparition; 10 c'est un défaut permanent).
  - Enfin si ce défaut survient, avons-nous un moyen de le détecter avant que le produit passe à l'étape suivante? (1 des contrôles très efficaces existent; 10 aucun moyen de contrôle en place ou efficace). C'est la note de détection D.

NB : des tableaux de cotation vous sont donnés pages suivantes

Au final on peut calculer **la criticité C** des non-conformités potentielles :

$$C = G \times O \times D$$

Qu'est ce qui peut être le pire ? Une non-conformité très grave (10), qui arrive toujours (10) et pour laquelle aucun contrôle n'existe (10) C = 10 x 10 x 10 = 1 000 !

Mais aussi le plus bizarre : une non-conformité pas grave (1) qui arrive très rarement (3) mais pour laquelle toute une batterie de contrôle a été mise en place (1) ! C = 1 x 3 x 1 = 3

■ **Étape 3 : Choix des actions correctives et/ou préventives**
Le but de cette étape est de **proposer des solutions permettant de diminuer le risque potentiel :**

– Réduire tout indice de criticité supérieur au seuil[1]
(par exemple on peut se fixer : C > 100 ou Si G > 8 : obtenir O ou D = 1)

Comment diminuer la criticité ? Le plus facile est de mettre en place un contrôle pour faire chuter la note de détection. On passe facilement ainsi d'une criticité de 1 000 à 100 !

Mais les contrôles coûtent cher et l'on reste dans la logique de constat à posteriori.

Le plus pertinent est de tenter de faire chuter la note de probabilité d'apparition. En travaillant sur la cause de la non-conformité – Ou en supprimant carrément le risque en utilisant des détrompeurs (exemple la prise électrique que l'on ne peut brancher que d'une façon). Les détrompeurs, systèmes anti-erreurs ou « POKA – YOKE » sont généralement très simples, on peut les qualifier d'astucieux. Or, nul n'est mieux placé pour trouver ces « astuces » que les opérateurs eux-mêmes.

---

1. Seuil déterminé par le groupe de travail en fonction des circonstances particulières.

■ **Étape 4 : Réévaluation après actions correctives**

On recalcule la criticité avec les nouvelles notes C'= D'xO'xG'

(la gravité change toutefois rarement)

■ **Étape 5 : Planification et mise en place des actions correctives**

Un plan d'action est lancé sous la responsabilité d'un pilote.

Des grilles permettent une pratique structurée de la cotation.

Exemple ► Etude d'une ligne de conditionnement.

A une étape, une étiquette est mise sur des cartons.

· Défaillances possibles :

L'étiquette est mal posée. Ce défaut n'est pas très grave pour le client mais gênant et en plus cela altère l'image de marque.

· Causes : mauvaise colle et problème machine.

· Fréquence : c'est effectivement un défaut qui apparaît de temps en temps.

· Surveillance contrôle : rien de formalisé.

· Cotation :

Gravité : 4

Occurrence : 10

Détection : 10

Criticité : G x O x D = 400

· On décide d'agir sur la cause du problème : la qualité de la colle? On change de colle et des réglages sont mis en œuvre de manière régulière (on décide en plus d'un contrôle visuel par l'opérateur). Cela amène le groupe à recoter.

Gravité : 4

Occurrence : 2

Détection : 6

Criticité : 48

AMDEC. PROCESSUS

❶ Produit fini : palette de flacons de parfums
❷ Date : 17 septembre
❸ Processus : Produire
❹ Pilote : JFG
❺ Groupe : JK/LM/PL/JI
❻ OP analysée : conditionnement des colis
❼ OP précédente : mise en cartons
❽ OP suivante : palettisation

Défauts ❾	Effets ❿	Causes ⓫	Plan de surveillance	D	O	G ⓬	C	Actions correctives ⓭	D'	O'	G' ⓮	C'	Responsables ⓯
Etiquette mal posée	gène client	colle déréglage	rien	10	10	4	400	réglage machine changement colle (contrôle visuel)	6	2	4	48	GH

Source : CEGOS
Voir légendes page 132

■ **Légende du support AMDEC processus**

1. Produit résultat du processus.

2. Date.

3. Le processus.

4. Pilote du groupe.

5. Groupe de travail.

6. Opération analysée.

7. Opération précédente.

8. Opération suivante.

9. Défaillance potentielle envisagée pour l'opération en cours.

10. Effets de la défaillance sur la bonne marche de l'opération en cours ou sur les opérations suivantes, ou sur le produit fini.

11. Faits probables générateurs de la défaillance.

12. Niveaux de criticité calculés pour chaque cause de défaillance :

    D : probabilité de non-détection de la défaillance.
    O : probabilité d'occurrence de la défaillance.
    G : gravité de la défaillance.
    C : criticité = **D x O x G**.

13. Mesures prises pour réduire la criticité.

14. Niveaux de criticité calculés pour chaque cause de défaillance après actions correctives.

15. Indiquer le(s) nom(s) et le(s) service(s) chargé(s) de l'exécution des actions correctives.

▓ Grilles de notation AMDEC processus

❏ Niveau de probabilité de non détection – D –

Estimer le risque de laisser passer la non-conformité.

Critères	Note D	Risque que le défaut ne soit pas détecté (à titre indicatif)
Très faible probabilité de ne pas détecter le défaut avant que le produit ne quitte l'opération concernée.	**1 ou 2**	1/20 000
Contrôle automatique à 100 % des produits à l'opération, mise en place de verrous, à la sortie des produits.		1/10 000
Faible probabilité de ne pas détecter le défaut avant que le produit ne quitte l'opération concernée. Le défaut est évident	**3 ou 4**	1/2 000
(ex : présence d'un trou) ; quelques défauts échapperont à la détection (contrôle unitaire par l'opérateur).		1/1 000
Probabilité modérée de ne pas détecter le défaut avant que le produit ne quitte l'opération concernée.	**5 ou 6**	1/500
Contrôle difficile (aspect ou dimensionnel).		1/200
Probabilité élevée de ne pas détecter le défaut avant que le produit ne quitte l'opération concernée :	**7 ou 8**	1/100
- Le contrôle est subjectif - Contrôle par échantillonnage		1/50
Probabilité très élevée de ne pas détecter le défaut avant que le produit ne quitte l'opération concernée :	**9 ou 10**	1/20
– Le point n'est pas contrôlé ou pas contrôlable. – Le défaut n'est pas apparent.		> 1/10

Source : CEGOS

Si un contrôle est prévu à un poste aval, le faire apparaître comme action corrective

❑ Niveau de probabilité d'occurrence – O –

Il s'agit d'estimer quels risques le processus a de produire la non-conformité engendrée par une cause.

Critères	Note O	Risque que le défaut se produise (à titre indicatif)
PROBABILITE TRES FAIBLE. Défaut inexistant sur ce processus	**1 ou 2**	1/10 000
PROBABILITE FAIBLE. Très peu de défauts le processus est sous contrôle statistique.	**3 ou 4**	1/1 000
PROBABILITE MODEREE. Les défauts apparaissent occasionnellement	**5 ou 6**	1/100
PROBABILITE ELEVEE. Défauts fréquents	**7 ou 8**	1/50
PROBABILITE TRES ELEVEE. Le défaut se produit fréquemment.	**9 ou 10**	1/10

Source : CEGOS

❑ Niveau de gravité – G –

Il s'agit d'estimer la gravité de l'effet sur le client final ou aval, engendré par la non-conformité.

Critères Client Final	Note G	Critères Client Aval
Effet minime. Le client ne s'en aperçoit pas.	**1**	Aucune influence sur les opérations de fabrication et/ou de montage.
Effet mineur que le client peut déceler, mais ne provoquant qu'une gêne légère et aucune dégradation notable des performances du produit ou service.	**2 ou 3**	Effet minime décelable lors des opérations de fabrication et/ou de montage mais ne provoquant qu'une gêne sans perturbation du flux.
Effet avec signe avant-coureur qui mécontente le client ou le met mal à l'aise. Aucune dégradation notable des performances du produit ou service.	**4 ou 5**	Légère perturbation du flux de fabrication et/ou montage due à des opérations difficiles à réaliser (cotes difficiles à réaliser).

.../...

Effet sans signe avant-coureur qui mécontente le client, l'indispose ou le met mal à l'aise. On peut noter une dégradation des performances. Les frais de réparation sont modérés.	**6 ou 7**	Perturbation modérée du flux de fabrication et/ou montage due à des opérations très difficiles à réaliser (tolérances difficiles à tenir), mais réalisables avec des techniques actuelles.
Effet avec signe avant-coureur qui provoque un grand mécontentement du client, et/ou des frais de réparation élevés en raison de la perte des fonctions d'un sous-ensemble.	**8**	Perturbation élevée du flux de fabrication et/ou de montage due à des opérations très difficiles à réaliser (tolérances difficiles à tenir), non réalisables avec les techniques actuelles.
Effet sans signe avant-coureur qui provoque un grand mécontentement du client, et/ou des frais de réparation élevés, et/ou un produit en panne ou inutilisable.	**9**	Perturbation très élevée du flux de fabrication et/ou de montage due à des opérations impossibles à réaliser.
Effet impliquant des problèmes de sécurité ou de non-conformité aux règlements en vigueur.	**10**	Effet impliquant des problèmes de sécurité pour l'opérateur aval ou dans l'usine cliente. Arrêt des opérations de fabrication et de montage.

Source : CEGOS

La priorité doit être donnée au client utilisateur.

2.3 Définir son plan de contrôle

Une fois le contrôle décidé, il est nécessaire d'être rigoureux pour définir :

❏ Les règles de prélèvement
- combien de produits va-t-on contrôler ?
- à quelle fréquence ?
- qui prélèvera ? qui contrôlera ?
- quelles seront les conditions de prélèvements (au hasard ? selon des règles définies ?)

❏ Les modalités de contrôle
- Sur quoi portera précisément le contrôle ?
- Avec quels moyens, quelles méthodes ?
- Quelles sont les caractéristiques cibles ?

❏ La règle de décision
- Que fera-t-on si une non-conformité est révélée ?

L'ensemble de ces règles pourra être défini au sein d'instructions de contrôles ou plus simplement dans une fiche de contrôle.

Reprenons notre exemple précédent de contrôle de l'étiquetage.

Fiche de contrôle FC 3	
Processus : fabrication Opération : mise en carton	**Contrôle :** étiquetage des cartons
Contrôle à effectuer : décollement des étiquettes	**Mesure :** en cm
Moyens : règle du service contrôle	**Spécification :** 6 mm maximum
Quantité prélevée : 5 cartons toutes les 4 heures	Conditions de prélèvement : RAS
Qui prélève : le contrôleur	
Enregistrement : Feuille d'enregistrement EN 4	
Règles à appliquer : Si 2 étiquettes ou plus ont une cote supérieure à 6, arrêter la chaîne et faire régler Voir avec le responsable qualité pour les fabrications précédentes Si une étiquette NC, rependre 5 cartons	

2.4 Faire du contrôle : un outil de progrès

■ Savoir réagir

Le contrôle permet de détecter une dérive afin de garantir que les produits livrés au client seront conformes à tous les coups. La détection doit induire deux types de réaction :

❏ Une réaction immédiate sur les produits non conformes fabriqués pour empêcher leur utilisation ou leur livraison et permettre une décision de traitement de ces produits.

❏ Une réaction à moyen terme s'appuyant sur l'analyse des non-conformités pour réduire leur apparition dans le futur :

mise en œuvre d'actions correctives à l'aide d'une méthode de résolution de problèmes.

Bien que pouvant se présenter sous différentes variantes, son déroulement respecte toujours la même chronologie : celle de la méthode CARREDAS, que nous avons abordée précédemment.

Ces deux points sont développés plus loin.

▣ Savoir exploiter les données de contrôle

❑ Abordons la notion de dispersion et de centrage

Les observations de la production par les contrôles (et globalement par des indicateurs) nous permettent d'aborder succinctement la notion de centrage et de dispersion.

Ainsi toute production a une dispersion. Si on contrôle 100 pièces qui sortent d'une machine pas une n'aura le même poids ou la même longueur.

Si on calcule la moyenne de ces 100 pièces on obtiendra un chiffre qui nous donnera une indication sur le centrage, le calcul de l'étendue (valeur supérieure et valeur inférieure nous donnera une indication sur la dispersion globale). En fait plus les valeurs sont éloignées de la moyenne plus la production est « dispersée » plus les valeurs sont regroupées autour de la moyenne et moins la production est dispersée.

Exemple ▶ Voici 100 valeurs représentant 100 poids de pièces fabriqueés les unes après les autres. Une personne a contrôlé ces 100 pièces et noté ces valeurs. Elle a ensuite ordonné ces valeurs dans un ordre croissant.

7,91	7,91	8,00	8,08	8,50	8,51	8,77	8,94	8,96	9,02
9,08	9,09	9,15	9,15	9,19	9,21	9,24	9,31	9,38	9,45
9,48	9,52	9,54	9,56	9,56	9,59	9,67	9,70	9,70	9,70
9,70	9,73	9,73	9,73	9,77	9,81	9,81	9,82	9,83	9,83
9,91	9,91	9,92	9,97	9,99	10,00	10,00	10,00	10,00	10,09
10,10	10,10	10,10	10,16	10,17	10,19	10,19	10,20	10,21	10,24
10,24	10,26	10,27	10,30	10,31	10,36	10,37	10,37	10,38	10,39
10,41	10,43	10,44	10,45	10,47	10,50	10,52	10,62	10,68	10,71
10,72	10,72	10,73	10,74	10,76	10,77	10,88	10,90	10,91	11,08
11,08	11,11	11,18	11,23	11,24	11,28	11,30	11,45	11,65	13,01

Une simple lecture directe de ce tableau nous indique immédiatement les valeurs extrêmes : 7,91 et 13,01. L'étendue peut donc être calculée : environ 5.

❏ Nous allons maintenant classer les valeurs

Nous pouvons dans l'exemple que nous avons pris, organiser les valeurs en classe de 0,5.

Nous obtenons alors les bornes suivantes :

7,5 - 8 - 8,5 - 9 - 9,5 - 10 - 10,5 - 11 - 11,5 - 12 - 12,5 - 13 -13,5

A partir des classes ainsi déterminées, nous réaliserons un comptage en faisant un pointage manuel de toutes les valeurs du tableau de résultats, et nous consignerons ces résultats dans un tableau.

Regroupée par classe voici la répartition de la production.

■ Tableau de comptage

Intervalles de classe $£x <$	Pointage manuel
7,5 - 8,0	
8,0 - 8,5	
8,5 - 9,0	
9,0 - 9,5	
9,5 - 10,0	
10,0 - 10,5	
10,5 - 11,0	
11,0 - 11,5	
11,5 - 12,0	
12,0 - 12,5	
12,5 - 13,0	
13,0 - 13,5	
13,5	

La moyenne a été calculée : 9,8

Nous avons donc une production centrée sur 9,8 et une dispersion de 5.

Quel est l'idéal ? il dépend bien sûr des tolérances que l'on sait fixer et qui permettent de répondre aux besoins de nos clients.

Imaginons des tolérances produits entre 6 (tolérances inférieures TI) et 14 (tolérances supérieures TS) et représentons l'histogramme des valeurs :

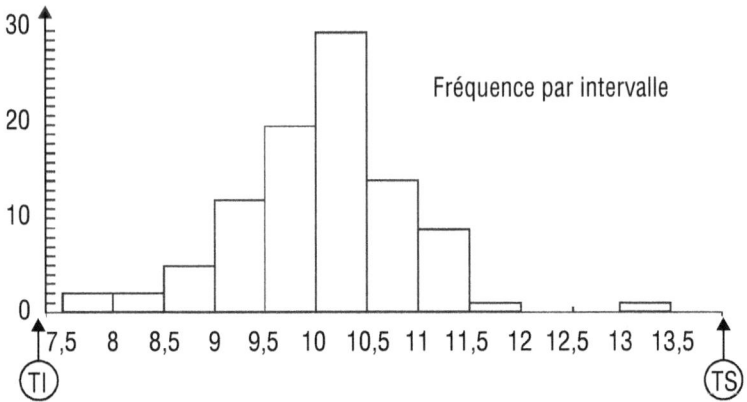

Tout est OK

Mais si les tolérances sont 9 à 12 (TI et TS), même si la moyenne est « bonne » dans l'intervalle on a de part et d'autres des tolérances mini et maxi dont la cote est non conforme. Le processus n'est pas « capable ».

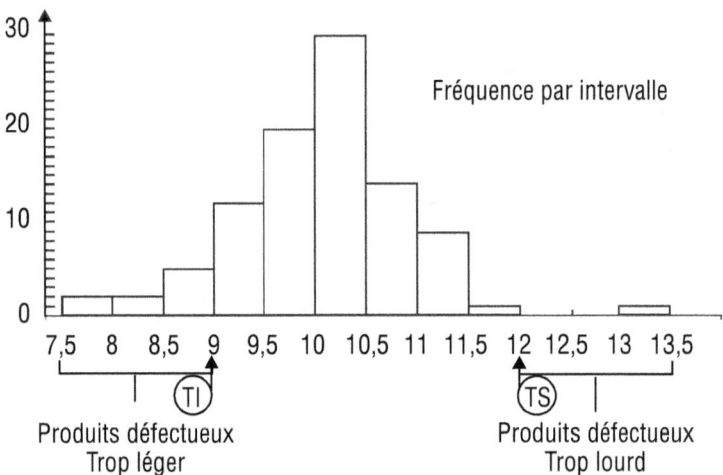

Produits défectueux
Trop léger

Produits défectueux
Trop lourd

Cela montre l'importance des mesures de dispersion quand on travaille avec des moyennes. On peut avoir un résultat moyen « satisfaisant » mais avec une dispersion beaucoup trop importante.

Une production idéale est celle où la dispersion autour de la moyenne est faible. On comprend qu'à priori plus les notes de dispersion sont importantes, plus les causes de cette dispersion sont nombreuses.

■ Quelques mots sur les moyens de contrôle et la métrologie

«Le rôle de la fonction métrologique est de contrôler que tous les moyens de mesure utilisés dans l'entreprise sont aptes à l'emploi.»

Il incombe à la maîtrise de se charger :

❏ du choix, de la réception, de l'étalonnage, de la vérification et de la remise en état des moyens utilisés pour concourir à la qualité du produit.

❏ des dispositions générales à mettre en œuvre pour assurer cette gestion, notamment pour les références métrologiques.

En effet la qualité des opérations de contrôle est étroitement liée à l'adéquation des moyens de mesure, aux besoins réels de l'entreprise, au fonctionnement correct de ces instruments et au raccordement de ceux-ci aux étalons nationaux.

Exemple ▶ En clair, à quoi sert de contrôler toutes les heures le poids des produits fabriqués si la balance n'est pas étalonnée (vérifiée) ? Mais cela ne sert à rien, non plus d'utiliser une balance étalonnée qui pèse au g près si le standard visé de votre produit est à plus ou moins 0,1 g !

L'entreprise ne peut acquérir et donner l'assurance de cette qualité que si elle maîtrise la connaissance des performances exactes de ses moyens de mesure ainsi que leurs limites d'emploi et leur comportement dans le temps.

La mission de la fonction métrologie est d'assurer la qualification et la vérification ou l'étalonnage du parc des appareils de mesure utilisés. En outre, elle assure donc :

❏ le conseil pour le choix des appareils adéquats (analyse des besoins «mesures» en fonction des usages envisagés tels qu'exactitude, étendue des mesures),

❏ la vérification des appareils de mesure lors de leur réception,

❏ la rédaction des méthodes de vérification des appareils de mesure,

❏ le contrôle ou l'étalonnage périodique des appareils de mesure,

❏ l'envoi en réparation des appareils,

❏ la vérification des appareils étalons.

Les appareils de mesure entrant dans la société sont identifiés par le Service Métrologie suivant une codification interne. Dans la mesure du possible, cette codification sera gravée sur l'équipement lui-même.

Une liste des appareils de mesure avec leur affectation dans la société est tenue à jour.

■ Quelques précisions
L'étalonnage : ensemble des opérations établissant, dans des conditions spécifiées, la relation entre les valeurs indiquées par un appareil de mesure ou un système de mesure ou les valeurs représentées par une mesure matérialisée (étalon), et les valeurs connues correspondantes d'une grandeur mesurée.

Le résultat d'un étalonnage permet d'estimer les erreurs d'indication de l'appareil de mesure, du système de mesure ou de la mesure matérialisée, ou d'affecter des valeurs à des repères sur des échelles arbitraires.

En pratique, le résultat d'un étalonnage permet de déterminer les valeurs des écarts d'indication d'un instrument de contrôle par rapport aux valeurs étalons. Il permet également, par l'application de corrections systématiques de réduire l'incertitude associée aux mesures.

La vérification est la confirmation par examen et l'établissement des preuves que les exigences spécifiées ont été satisfaites.

Dans le cadre de la gestion d'un parc d'instruments de mesure, la vérification permet de s'assurer que les écarts entre les valeurs indiquées par un appareil de mesure et les valeurs connues correspondantes d'une grandeur mesurée sont tous inférieurs aux erreurs maximales tolérées, définies par une norme, par une réglementation ou une prescription propre au gestionnaire du parc d'instruments de mesure.

Le résultat d'une vérification se traduit par une décision de remise en service, d'ajustage, de réparation, de déclassement ou de réforme. Dans tous les cas, une trace écrite de la vérification effectuée doit être conservée.

3. ET SI ON ÉCRIVAIT DES DOCUMENTS?

3.1 Un système documentaire : c'est quoi? Cela sert à quoi?

Un système documentaire qualité comprend tous les documents créés au sein de l'entreprise pour parer aux risques de non-conformité des produits et de non-satisfaction des clients. Ces documents décrivent une façon de faire.

Plus globalement, le système répond à **des besoins internes :**

❏ Faire connaître et préserver le savoir-faire (pouvoir le transférer facilement).

❏ Structurer, formaliser une organisation, et parfois la remettre en cause.

Et à **des besoins externes** liés aux exigences d'une réglementation ou d'un client.

Mais si un document peut être très utile, nous avons trop vu d'armoires remplies de documents qualité qui ne servaient à rien pour ne pas vous mettre en garde… Avant d'écrire il est important de se demander si réellement ce document va répondre à un besoin interne ou externe. On peut ainsi se poser les questions suivantes :

❏ À quoi le document va-t il réellement nous servir? Quels sont ses objectifs?

❏ À qui peut-il servir?

❏ Que va-t-il nous apporter de positif?

❏ Quelle(s) amélioration(s) obtiendrions-nous dans notre façon de travailler?

❏ Quel problème va-t-il éviter?

❏ Quelle sera sa valeur ajoutée?

❏ Quel va en être l'objet?

Ecrire un document, ce n'est pas ouvrir un parapluie : *«c'était écrit, donc cela aurait dû être appliqué!».* Ce n'est pas une finalité mais un moyen.

Et l'idée fort répandue selon laquelle la qualité «c'est écrire ce que l'on fait et faire ce que l'on a écrit», est un adage simple mais un raccourci dangereux! Cela n'a jamais permis aux entreprises de progresser, et parfois a aidé à formaliser de mauvaises critiques!

Définir les règles au niveau de l'entreprise, formaliser par écrit le savoir-faire, c'est vouloir conserver, protéger, les bonnes pratiques et faire la chasse aux mauvaises!

Donc écrire ce que l'on fait, oui! Mais évaluer ainsi le bien-fondé des méthodes, le remettre en cause, le faire évoluer si besoin et ensuite, seulement ensuite, décider de le mettre sous forme d'un document officiel!

3.2 Quels sont les documents d'un système qualité?

On a l'habitude de représenter sous forme de pyramide les documents du système qualité.

❏ En haut de la pyramide, on a le **Manuel Qualité**, un document d'environ 30 pages décrivant de façon globale le système Qualité d'un organisme.
Il doit contenir au moins :

– la présentation succincte de l'entreprise, (et éventuellement de sa cartographie des processus),
– la politique qualité,
– les responsabilités, pouvoirs, relations entre personnes qui ont une incidence sur la Qualité,
– la façon dont l'entreprise assure la satisfaction de ses clients et s'améliore en permanence (en expliquant par exemple comment sont maîtrisés la production, les achats, la conception, les ressources humaines… ; comment chaque commande et les résultats qualité sont analysés et déclenchent des actions d'améliorations),
– le manuel peut citer les processus, les procédures,
– on précisera aussi les dispositions pour revoir, mettre à jour et gérer le manuel.

❏ Ensuite les entreprises qui ont choisi l'approche processus, vont créer des **fiches d'identités processus** (nous l'avons abordé précédemment).

❏ **Les procédures** décrivent la manière d'accomplir une activité ou des activités des processus.

❏ Ces procédures pourront être complétées par des **documents opérationnels** :
Les modes opératoires, spécifications, instructions : la description détaillée d'accomplir une tâche particulière (réglage d'une machine, élaboration d'une facture, méthode de contrôle),
Les fiches d'enregistrements : la preuve tangible des activités effectuées ou des résultats obtenus
D'autres documents : listes, cahiers des charges

❏ Juste un mot sur le **Plan qualité** : il spécifie quelles procédures et ressources associées doivent être appliquées par qui et quand pour un projet, un produit, un processus ou un contrat particulier.

■ **L'architecture documentaire**

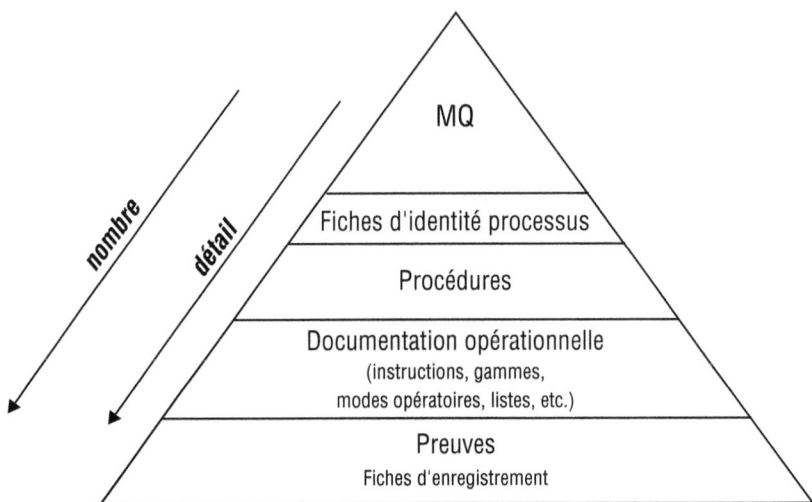

Le lien entre les documents est donc réel.

Dans le manuel, j'ai dessiné la cartographie de processus et identifié un processus, simplifié dans la fiche processus.

Cette fiche décrit juste les grandes activités et les services concernés :

Exemple ▶ Notre processus «Gérer les ressources humaines» précise une phase de recrutement.
▶ Ce mode de recrutement est décrit dans une procédure qui explique qui fait quoi. On peut y lire que les entretiens doivent être conduits selon un mode opératoire «conduire un entretien» et que leur compte rendu est enregistré sur le formulaire «compte rendu de l'entretien de recrutement».

Ainsi, schématiquement on peut dire que le processus concerne plusieurs services et explique quelles sont les grandes activités qui le constituent (quelles activités, quels services?).

Les procédures se situent au niveau d'un service ou d'interservices, elles décrivent quelles tâches remplissent les fonctions concernées (qui fait quoi).

Et le mode opératoire décrit comment une fonction réalise une tâche (comment on fait).

3.3 Comment gérer efficacement un système documentaire?

Les documents du système de management de la qualité doivent être maîtrisés. Il ne sert à rien d'avoir des documents si chacun peut écrire comme il veut, les modifier à sa guise, et si on n'est pas sûr que les personnes concernées aient la bonne version (celle à jour) du document!

En fait, une des premières procédures à écrire est souvent celle qui va expliquer comment seront maîtrisés les documents.

Il s'agit de décrire :

❏ Qui et comment seront créés les documents,

❏ Qui va approuver les documents avant diffusion,

❏ Comment et par qui seront-ils revus,

❏ Comment seront-ils diffusés là où ils sont nécessaires,

❏ Comment se fera leur mise à jour (et en particulier comment la nouvelle version sera diffusée et l'ancienne détruite).

Pour initialiser le dispositif, il est important de définir qui va être responsable de la gestion de la documentation qualité dans l'entreprise.

Si le Responsable Qualité gère généralement les procédures Qualité et le manuel, il peut, selon les structures, déléguer la gestion des modes opératoires, et documents spécifiques aux services et structures concernés.

Chaque service doit être responsable de sa documentation et se l'approprier. La dynamique d'évolution des documents ne doit en effet pas être systématiquement déclenchée par le Service Qualité (par le biais des audits) mais devient un réflexe qui fait partie du fonctionnement «normal» de l'activité. Des correspondants Qualité peuvent parfois être nommés pour assurer cette mission.

Le système documentaire créé est fait pour vivre : il est évolutif et sans cesse cohérent.

Il doit vivre car il est le reflet d'une organisation qui bouge :

– en fonction des résultats,
– en fonction des attentes.

Ainsi, chacun dans l'entreprise doit avoir à cœur de garantir que la documentation reste adaptée aux besoins de l'entreprise et des clients. On doit en permanence se demander si on applique ce qui est prévu et si on obtient les résultats visés. Si non il faut réagir !

Tout document non appliqué doit être remis en cause :

❏ Pourquoi n'est-il pas appliqué ?

– parce qu'il n'est pas connu ?
– parce qu'il n'est pas applicable techniquement ?
– parce qu'il n'est pas compréhensible ?
– parce qu'il n'a pas été expliqué ?

■ **Se lancer dans l'écriture, est-ce suivre un long fleuve tranquille ?**

Pas toujours ! C'est très prudemment et méthodiquement qu'il faut aborder cette démarche.

Quand il s'agit de construire un système documentaire dans son ensemble, il est nécessaire d'aller du général au particulier :

❏ lister les processus clés,

❏ écrire les procédures associées, qui décrivent les règles d'organisation

❏ écrire les modes opératoires si nécessaire (se demander si l'information est nécessaire, et si la façon de faire fait partie de la compétence de la personne),

en y associant un maximum de monde !

Exemple ▶ Une infirmière diplômée a-t-elle besoin d'un mode opératoire pour réaliser une simple piqûre ?

Tout cela est à **planifier** : la réussite passera par un projet clair définissant des délais et des pilotes de création de document (qui seront éventuellement chargés de créer un groupe de travail).

Cette phase devra être accompagnée de bilan... et d'encouragement !

Une opération pilote peut parfois être nécessaire quand on débute. On demande «petit» pour réussir et bénéficier d'un **retour d'expérience**.

❏ Ce qui a bien marché, pourquoi ?

❏ Les difficultés rencontrées, avec qui ? pourquoi ? que faire pour ne pas les rencontrer à nouveau sur la route !

❏ Ce qui ne fonctionne pas dans notre dispositif : ce qu'il faut changer (fond, forme, pratique) ou modifier.

▨ La maîtrise de la diffusion

C'est souvent un point délicat dans les entreprises.

A ce niveau, l'intranet facilite beaucoup le travail des responsables.

Les règles de base :

❏ Identifier à qui on diffuse (éviter de noyer les personnes sous des «papiers» inutiles, privilégier les «points qualité»).

❏ Adresser à chaque acteur un exemplaire du document validé ou l'informer de sa mise à disposition.

❏ S'assurer que l'exemplaire périmé (s'il s'agit d'une deuxième diffusion) est retiré de la circulation, détruit, repéré comme périmé, ou encore renvoyé à l'expéditeur (certaines entreprises n'adressent la nouvelle version qu'à réception de l'ancienne, mais cela est lourd...). Ce point pose moins de problème quand les documents sont sur réseau.

❏ Enregistrer la diffusion (stabilos sur la liste de diffusion, archivage des accusés de réception, signature d'une liste de réception).

❏ Attention : diffuser c'est bien, expliquer, reformer c'est mieux. Chaque nouvelle diffusion doit être argumentée un minimum. Les managers ont ici un rôle important.

❏ Pour les documents sur intranet :

- S'assurer que chacun a un accès facile à l'intranet.
- Vérifier par audit que chacun sait consulter l'intranet et que l'information est facile à trouver (liens par processus, activités ou mot-clé).

▓ Quelques mots sur la maîtrise des enregistrements relatifs à la qualité

Les enregistrements vous servent à recueillir des données et parfois à avoir la preuve que les opérations ont été faites conformément à ce qui a été prévu :

- Vous formez des opérateurs ? Gardez-en une trace : quel jour ? Qui ? Quoi ?
- Vous avez mis en place un contrôle ? Notez régulièrement les résultats.
- Vous déclenchez des actions suite à un incident ? Sans fiche d'enregistrement, ne risquez-vous pas de l'oublier plus tard ?
- Les enregistrements relatifs à la qualité doivent rester lisibles, faciles à identifier et accessibles. Souvent on écrit dans la procédure de gestion documentaire qui archive quoi, combien de temps, où, etc.

▓ Quelques mots aussi sur les logiciels de gestion documentaire. Les avantages sont nombreux

- Des documents plus facilement accessibles. L'utilisateur n'a plus besoin de chercher manuellement ses documents sur une disquette ou sur son disque dur. Il utilise la recherche multicritères.
- Un gain de temps lors de la création de documents. L'utilisateur saisit le document dans son traitement de texte habituel. Il ne modifie pas ses habitudes de travail.
- Gain de temps aussi lors de l'approbation. Toute la gestion documentaire se réalise au travers d'un réseau.

Vous distribuez les documents par l'intermédiaire de la messagerie électronique.

Des avantages sécurité :

❏ Toutes les options des menus sont configurables. Chaque utilisateur possède un code d'accès et appartient à un groupe d'utilisateurs.

❏ Le document créé possède un numéro unique (plus de doublons ou de recherches manuelles du dernier numéro document).

❏ Vous êtes certain d'utiliser toujours le bon document au dernier indice en vigueur.

❏ Les droits d'accès pour chaque site, service, type de documents et domaine d'application peuvent être définis et ce pour chaque étape du cycle documentaire (de l'élaboration à la diffusion).

❏ Détection des attaques virales sur le logiciel.

❏ Codage système des utilisateurs.

❏ Archivage entièrement géré par le logiciel permettant une accessibilité rapide aux documents.

3.4 Des conseils d'écriture de documents qualité : faire simple et pertinent

Ecrire oui ! Mais intelligemment !

Écrire un document c'est répondre à un besoin. Le nombre et le détail des documents vont dépendre de la complexité des métiers et du niveau de qualification des personnes concernées.

Les deux premiers critères à prendre en compte quand on écrit un document c'est :

❏ Pourquoi ? L'abscence de document induit-il un risque ?

❏ Pour qui ? Vous écrirez différemment la façon de changer une roue si vous vous adressez à un novice qui ne l'a jamais fait ou à un pilote de rallye (lui, en a-t-il besoin ?).

❏ Puis, quelles données-clés un document contient-il ?

   – Quelques informations générales :
     • Le nom de l'entreprise, son logo.

- Le site concerné
- Le type de document (procédure, mode opératoire, liste…).
- Le titre du document.
- La référence du document éventuellement et son indice (la version du document) ou sa date de mise à jour. Et la raison de la mise à jour (ce qui a changé par rapport à l'ancienne version).

Procédure	P001
Procédure	P. ACH.01 Service, processus ou zone où s'applique le document ici : c'est la procédure du service achat à l'indice A
Mode opératoire	MO- COND-02 Version 2 du Mode opératoire l'atelier de conditionnement

- La pagination.
- Le cartouche des visas (au minium qui a validé).
- Eventuellement une date d'application (ou c'est celle de la validation qui s'applique).
  - L'objet du document (de quoi il traite et à quoi il sert, son domaine d'application). «Ce sur quoi le document va porter. C'est aussi le but, la cible à atteindre.
  - Le champ d'application «C'est le champ d'activité, l'étendue portée par le document en interne comme en externe. A quel secteur le document s'applique-t-il ?».
  - Le lien avec d'autre(s) document(s). (Par exemple : *ce document est cité dans la fiche processus et renvoie à des modes opératoires.)*
  - Puis la ou les pratiques concernées (c'est le corps même du document) :
  «Les étapes de l'activité ou de la tache, à valeur ajoutée, sont décrites de façon claire sous forme de logigramme, ou par écrit. On précise ce qu'on fait, qui le fait et comment on le fait (en renvoyant si besoin à d'autres documents) dans quels délais et avec quoi.»

– Le système de codification
On peut envisager :

▨ Exemple de procédure

Procédure de traitement des réclamations clients P Q 4 - B Le 17 septembre 2005	Logo

Rédigé par : Monsieur Qualidias, DQ, le 3 septembre 2005-08-25
Validé par : Mosnieur Chaumont, DG, le 17 septembre 2005-08-25

Objet de la version B : refonte totale de la procédure

1. Objet et domaine d'application

Cette procédure décrit les dispositions mises en place par la société QUALIDIS pour le traitement des réclamations clients. Elle permet d'assurer une réponse rapide et efficace auprès de nos clients. Elle garantit aussi la conservation et l'exploitation des données.

2. Références

Cette procédure est citée dans notre manuel qualité : elle suit la règle de mise à jour de la procédure P004.

Elle est complétée du mode opératoire MO 4

Abréviations utilisées :
DQ: Directeur Qualité,
FRC : Fiche de réclamations clients

3. Exigences de la procédure

Le client peut exprimer son insatisfaction pendant ou après la prestation reçue :
• en téléphonant directement à l'agence régionale,
• en écrivant à l'agence régionale ou directement au siège,
• en s'exprimant directement à l'accueil.

.../...

Dans tous les cas, que cette satisfaction soit traitée à l'amiable, ou que le client refuse le compromis proposé, une fiche de réclamations client sera établie par la personne qui reçoit la réclamation. Elle est transmise à l'assistante qualité, qui après vérification du bien fondé de la réclamation, contacte sous 48 heures le client pour recueillir des informations complémentaires.

S'il s'agit d'un courrier, celui-ci est adressé directement à l'assistante qualité.

Après analyse (lettre, compensation...) le DQ décide du traitement. Après validation du client et/ou décision du DQ, cette action est réalisée et/ou suivie par l'assistante qualité.

Il décide ou non de déclencher une action corrective à la suite de la réclamation.

Nous réalisons par mail une enquête tous les 6 mois auprès de nos clients auprès desquels nous avons été amenés à traiter une réclamation.

A chaque revue trimestrielle sur la Qualité, un rapport sur les réclamations client est présenté à la direction reprenant les causes, les conséquences morales et financières pour la société. Des actions correctives et préventives sont organisées. Selon la procédure PQ 8.

4. Récapitulatif (logigramme ci-dessous)

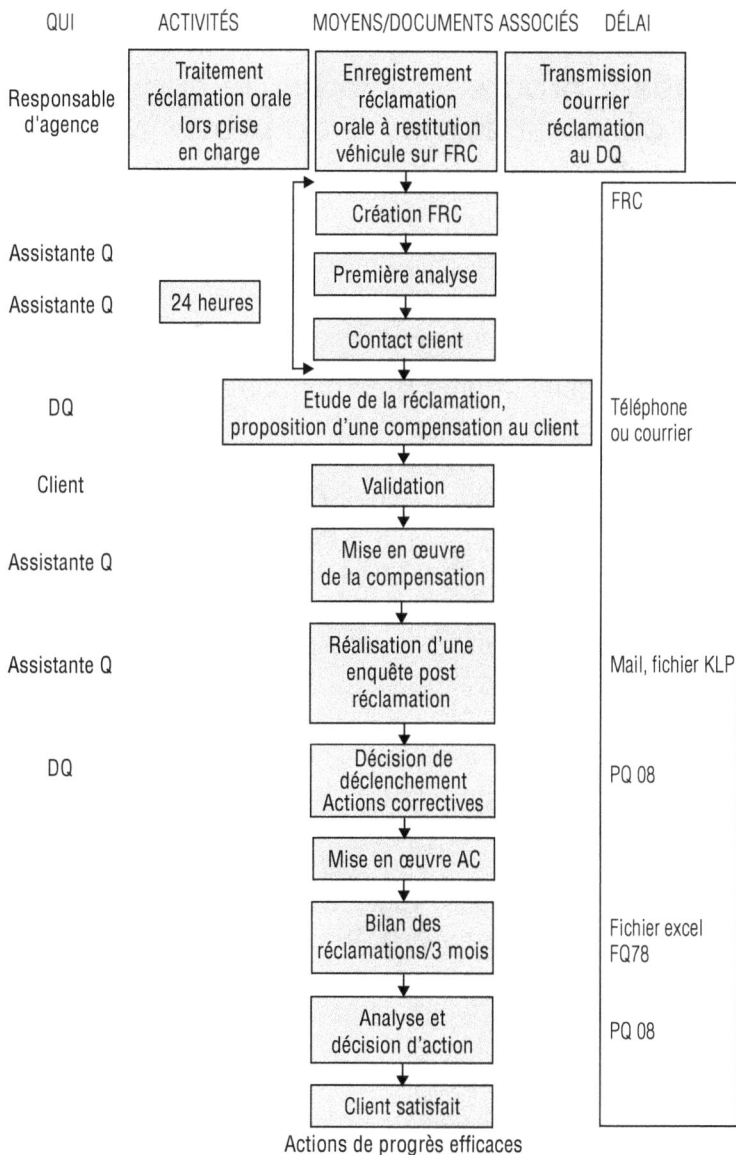

QUI	ACTIVITÉS	MOYENS/DOCUMENTS ASSOCIÉS	DÉLAI

Responsable d'agence — Traitement réclamation orale lors prise en charge | Enregistrement réclamation orale à restitution véhicule sur FRC | Transmission courrier réclamation au DQ

Assistante Q — Création FRC — FRC

Assistante Q — Première analyse

Assistante Q — 24 heures — Contact client

DQ — Etude de la réclamation, proposition d'une compensation au client — Téléphone ou courrier

Client — Validation

Assistante Q — Mise en œuvre de la compensation

Assistante Q — Réalisation d'une enquête post réclamation — Mail, fichier KLP

DQ — Décision de déclenchement Actions correctives — PQ 08

Mise en œuvre AC

Bilan des réclamations/3 mois — Fichier excel FQ78

Analyse et décision d'action — PQ 08

Client satisfait

Actions de progrès efficaces

5. Imprimés spécifiques

Sont annexés :
Annexe 1 : la fiche d'enregistrement des réclamations.

4. GÉRER LES NON-CONFORMITÉS DANS UN ESPRIT PROACTIF

4.1 Passer progressivement du curatif au correctif et même au préventif

Les dysfonctionnements peuvent être vécus dans l'entreprise comme de véritables plaies (ça nous «pourrit la vie»! ça coûte cher) mais il est possible de transformer ces cailloux qui grippent l'organisation en pépites de progrès. Il y a plusieurs façons en effet de réagir aux dysfonctionnements :

- les ignorer (le produit est non conforme, on l'envoie quand même, avec un peu de chance le client ne s'en apercevra pas!) et vivre avec (cela fait des mois que nous traitons le courrier en retard et que l'informatique nous plante tous les jours, finalement on s'habitue!);
- trouver une solution palliative, curative : on trie le produit non conforme ponctuellement, on refait un dossier erroné, on agit sur l'effet, les conséquences, pas sur la cause. C'est bien, mais pas suffisant;
- refuser la fatalité : que faire pour traiter définitivement ce problème, faire en sorte qu'il ne se renouvelle plus? On attaque les causes profondes du dysfonctionnement, on les supprime pour en éviter le renouvellement!
- anticiper : avant même que le problème apparaisse, on s'est posé la question «que faire pour éviter les problèmes»; excellent réflexe à acquérir quand on travaille avec un nouveau client, quand on lance un nouveau produit ou un nouveau projet.

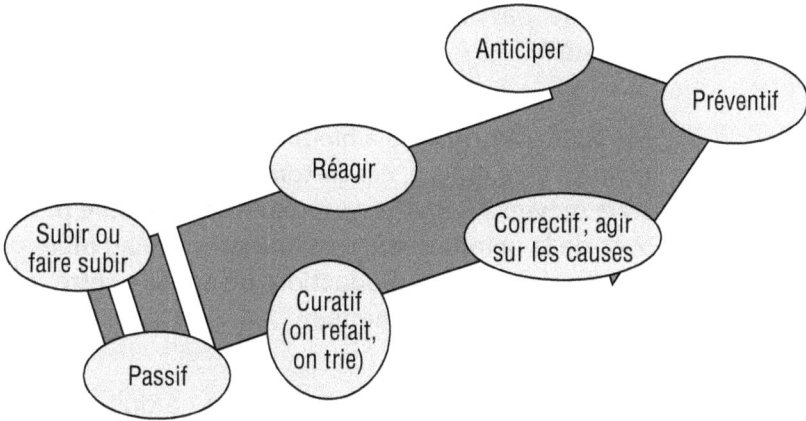

4.2 Acquérir les bons réflexes à chaud : la maîtrise du produit non conforme

En production, la détection d'une non-conformité conduit à se poser trois questions qui vont assurer que personne ne va subir intentionnellement ou non la conséquence de ce défaut.

■ **Depuis quand avons-nous ce dysfonctionnement? combien de produits sont concernés?**

Exemple ▶ Je suis contrôleur et vérifie le conditionnement automatique des cartons dans le service expédition toutes les heures, je vérifie notamment le code produit qui s'imprime sur le côté. J'ai fait mon dernier contrôle à 16 heures.

▶ 17 heures catastrophe : le code est illisible.
▶ Potentiellement, le dysfonctionnement a démarré à 16 heures. Je décide donc de bloquer tous les colis qui ont été faits depuis 16 heures, soit 50.

Bien sûr, plus la machine, le procédé, le processus a des risques de se dérégler, plus mes contrôles devront être fréquents, car cela réduira les quantités de produits à reprendre.

■ **Comment m'assurer que le produit non conforme ne risque pas de partir chez le client ou être utilisé par erreur en interne?**

Exemple
suite

► Me voilà avec 50 colis à bloquer : dans les entreprises qui maîtrisent ce réflexe, ces cartons vont être «isolés» dans une zone prévue à cet effet et repérée comme telle par exemple avec de la peinture rouge et une pancarte au mur «produit non conforme» (en production, on appelle cette zone «prison», la zone est fermée).

Toute personne du service sait que l'on ne doit pas toucher les produits dans cette zone.

Le produit ou le lot de produits non conforme sera identifié en tant que tel. L'objectif est qu'il ne puisse pas, même dans cette zone, être confondu avec un lot conforme par une personne non avertie.

Il est souvent fait usage d'étiquettes de couleur rouge pour identifier les produits non conformes. Néanmoins, le système d'identification relève de règles propres à chaque entreprise. Ces règles étant établies, elles doivent être appliquées rigoureusement. Cette étiquette précise au minimum :

❏ la date,

❏ le produit ou lot de produit concerné,

❏ la nature de la non-conformité,

❏ les résultats de mesure éventuels.

Exemple
suite

► Me voilà tranquille, le produit est isolé, identifié. La machine est arrêtée, la maintenance est en train de réagir. Ouf! Mais ce n'est pas fini...

■ **Que va devenir ce produit non conforme?**

Exemple
suite

► Je préviens le responsable qualité et/ou le responsable de service.

La liste exacte des personnes à informer lors de la détection d'une non-conformité dépend de l'organisation de l'entreprise et de la distribution des responsabilités. Cette notification se fait en direction de deux catégories de personnes : celles notifiées pour décision et celle notifiés pour information.

Généralement, la décision de traitement d'une non-conformité peut être :

❏ reprise pour rendre le produit conforme, (nous recodifions les colis).

❏ acceptation du produit par dérogation avec ou sans retouche (on laisse partir, parce qu'au fond le défaut est mineur, cela ne se voit pas beaucoup : c'est la qualité qui va accepter ou non de donner une dérogation. Parfois l'accord est fait auprès du client. La dérogation doit revêtir toujours un caractère exceptionnel ! Une entreprise qui déroge continuellement doit se poser la question du niveau qualité livrée au client ou remettre en cause ses tolérances internes).

❏ déclassement du produit pour une autre application, ou à un prix inférieur *(ce qui est impossible dans notre cas !).*

❏ mise au rebut : on jette parce que l'on ne plus plus rien faire (Aïe, ça coûte cher !).

Exemple
fin

Dans notre cas nous choisissons de faire une reprise. Une étiquette est apposée sur le code non conforme et nous recodifions dessus Cela va représenter des coûts de main-d'œuvre supplémentaires que nous allons bien sûr évaluer. Cette décision va être enregistrée sur une fiche de non-conformité.

Exemple de fiche de non-conformité

Fiche de non-conformité n°		
Atelier : Référence :	Produit : Quantité :	Date : Client :
Non-conformité : Description : NC ❏ critique	❏ majeur	❏ mineur
Traitement : Commentaires :	❏ Rebut ❏ Retouche validée ❏ Dérogation	Le : Le : Le : Le :
Problème répétitif Déclenchement d'AC/AP	OUI ❏ OUI ❏	NON ❏ NON ❏

3.2 Déclencher des actions de progrès, remettre en cause le système

Sur la fiche de non-conformité, vous remarquerez qu'on récupère des informations importantes. Le problème :

– est-il grave ? (critique, majeur, mineur),
– important ? (combien de produits sont concernés),
– répétitif ? (avons-nous déjà constaté le dysfonctionnement ?).

Ces données nous permettront de décider s'il est nécessaire d'engager des **actions de progrès** pour diminuer la fréquence d'apparition du problème que nous venons de subir.

Il s'agit à l'aide de la méthode de résolution de problème abordée au chapitre 2 de trouver la cause du problème, la cause profonde racine, et de mettre en place des actions correctives qui nous permettront d'éviter le renouvellement de la non-conformité.

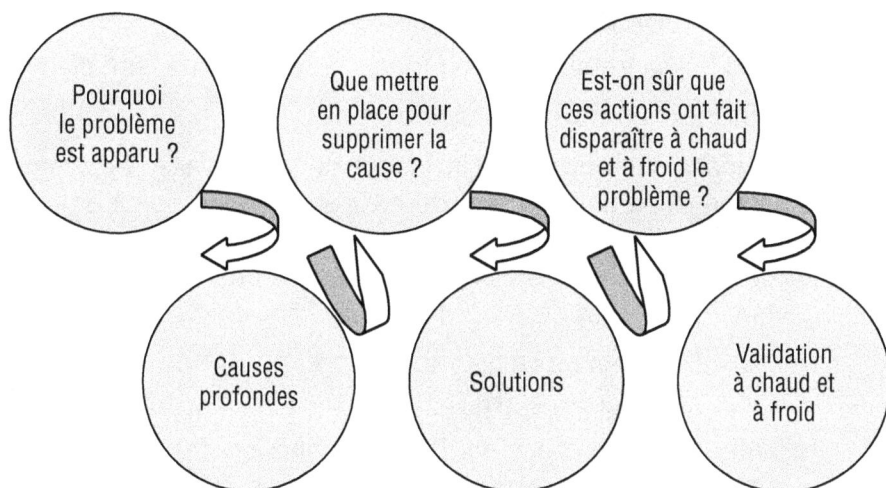

Il est important quand les actions ont été mises en place de vérifier si l'anomalie a disparu et de reprendre cette validation deux à quatre mois plus tard. Si le problème est réapparu il faut remettre en cause la solution ou la cause identifiée.

Très souvent, les dysfonctionnements vont nous amener à travailler sur les 5 paramètres clés des processus qui vont induire la participation active des fonctions principales de l'entreprise :

- Main-d'œuvre : ressources humaines
- Matériel, c'est le domaine de la maintenance et parfois de la conception
- Matières premières : achats
- Méthodes de travail : qualité, organisation, méthodes, production
- Milieu : production, maintenance.

On rajoutera un 6e M essentiel : le Management.

3.3 Aider chaque collaborateur à faire bien à tous les coups

A machines équivalentes, à mêmes prestations ce sont les hommes qui font la différence.

Un collaborateur qui «commet» une erreur l'a rarement, très rarement fait exprès :

Celui qui se trompe a-t-il eu toutes les chances de faire bien ?

❏ Sait-il pourquoi il faut faire bien ?

Connaît-il l'importance, l'incidence de son travail ? Les attentes de son client (interne ou externe) ? Si personne ne lui dit combien il est important que la pièce soit conforme, quelles sont les conséquences d'une non-qualité, personne ne pourra lui en vouloir de ne pas avoir pris le soin de faire vraiment bien.

❏ Sait-il réellement ce qu'il doit faire ?

Les responsabilités, les tâches sont-elles clairement définies ; la motivation commence par la compréhension des tâches qui lui sont confiées et la connaissance des limites de son activité.

❏ A-t-il les moyens matériels de faire bien ?

Dispose-t-il de tous les éléments (informations, machines, temps…) qui devront être réunis pour lui permettre de travailler correctement ?

❏ A-t-il les compétences pour faire bien ?

A ce poste sont associées des compétences qu'il faut valider.

Répondre à ces quatre questions est de la responsabilité de l'encadrement.

Chaque poste critique en matière de qualité est examiné sous ces angles, et chaque intégration au poste doit en tenir compte.

Ensuite, la cinquième question est plus globale, et moins concrète mais tout aussi importante :

❏ A-t-il envie de faire bien ?

Quel est au final l'intérêt qu'il a de mettre de l'énergie à produire conformément à ce qui a été prévu? Sera t-il évalué sur la qualité de ses prestations ou sur la quantité? Sera-t-il félicité s'il fait des progrès? Sera-t-il remercié s'il propose des améliorations?

On revient à la notion de culture d'entreprise et de cohérence de discours.

A retenir

- ❏ L'approche processus c'est positif : elle décloisonne l'entreprise et permet de la repenser selon une logique client.

- ❏ Dans une cartographie on recense environ une douzaine de processus clés.

- ❏ Le management par processus fait passer l'entreprise d'un système vertical, hiérarchique à un système transversal qui a beaucoup de similitudes avec le management par projet.

- ❏ Pour piloter correctement un processus on raisonnera globalement et on agira localement.

- ❏ Le pilote de processus doit être formé et doit disposer d'outils de pilotage.

- ❏ Pour surveiller un processus, on peut mettre en place soit un indicateur de surveillance soit un contrôle, quand il y a un risque de dysfonctionnement.

- ❏ Un plan de contrôle va définir qui contrôle quoi, à quelle fréquence et comment.

- ❏ Avant de créer un document, il faut se demander s'il est vraiment nécessaire.

- ❏ Ce n'est pas parce qu'on écrit des procédures que les habitudes vont changer immédiatement. Avant de le diffuser, il faut valider la lisibilité du document et sa compréhension par les utilisateurs, former, informer.

- ❏ Le curatif (on refait, on trie) n'est pas nécessairement la pire des solutions : tout dépend du coût de l'action corrective comparé à celui du traitement.

- ❏ Subir, agir, réagir, anticiper : tout est une question de choix !

- ❏ Créer une base de données avec la liste des problèmes traités, des solutions trouvées et des causes identifiées peut servir à communiquer de l'information utile dans l'entreprise.

❏ Quand une action de progrès est effective, penser à l'équipe qui l'a mise en place. Une photo de l'équipe et un témoignage dans l'intranet raviront tout le monde. C'est fou ce que les gens adorent voir leurs collègues en photo en pensant « Et nous, quand serons-nous dans l'intranet ? ».

❏ Quand on démarre les actions de progrès penser à améliorer le confort des gens, leurs conditions de travail. Cela leur montrera que des actions de progrès, ils peuvent en bénéficier.

❏ Aider chacun à faire bien c'est se poser avec lui trois questions : sait-il ? peut-il ? veut-il ?

❏ Si vous voulez qu'un service améliore la qualité de son classement, proposez au personnel de choisir une jolie teinte pour la couleur des classeurs. Cela les motivera comme ils feraient chez eux.

CHAPITRE 4

Faire vivre une démarche qualité

1. L'ENGAGEMENT DES MANAGERS

1.1 Pourquoi le rôle des managers est important

Comme le dit Peter DRUCKER, spécialiste du management des entreprises, la direction par objectif reste un incontournable des crédos du management d'entreprise. Les objectifs définis par la direction sont faits pour que les managers s'en saisissent et transforment un tableau de chiffres en actes concrets.

Le PDCA (Plan, Do, Check, Act) s'inscrit dans cette logique. Les managers sont ainsi au cœur de la dynamique qualité : responsables de l'animation de leur équipe, ils veillent à la motiver sur les challenges qui leur sont attribués.

L'action réussie est le fruit de la rencontre entre une volonté de la direction et une acceptation bien comprise des collaborateurs. Le manager a pour mission d'orienter l'énergie de ses collaborateurs au plus près possible du cap donné par la direction. Meilleure sera la convergence, moins il y aura d'énergie perdue et plus efficaces seront les efforts fournis par les collaborateurs.

Des managers enthousiastes font des collaborateurs motivés et des clients satisfaits : c'est une évidence.

Le responsable qualité aura beau communiquer, expliquer, rien ne remplacera auprès des collaborateurs l'engagement du manager.

Le projet qualité n'est pas le projet du responsable qualité mais le projet de l'entreprise relayé par les managers au niveau de leurs équipes. C'est une logique à décliner. La qualité est un acte de management.

Le message passe par les managers, la qualité se pense au futur mais se vit au quotidien au sein des équipes. Le management de la qualité sur le terrain est donc de la responsabilité des managers : une demande faite par un responsable qualité à un collaborateur aura sûrement moins d'importance qu'une demande émanant de son chef !

La hiérarchie est une ressource qui va jouer un rôle important notamment en assurant auprès de ses équipes une communication claire sur ce qu'est pour elle la démarche qualité. Ainsi elle affirme que :

- Les objectifs qualité sont des objectifs d'équipe
- Les indicateurs qualité sont avant tout des indicateurs de performance d'activité
- Une procédure est un document de travail des collaborateurs, pas un écrit du service qualité
- Les audits sont demandés par le manager et non imposés par la direction qualité
- Etc.

Les managers de proximité ou première ligne de management ont aussi le rôle essentiel de prêter une oreille attentive aux informations que les professionnels du terrain souhaitent faire remonter. Aussi constituent-ils un maillon clé dans le processus de communication à travers les réunions d'équipe, les « bilatérales » (entretiens individuels réguliers en « one to one »), les points informels.

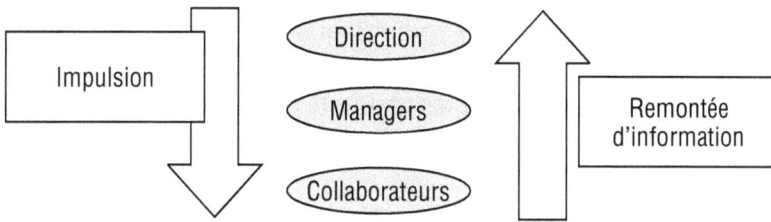

Les managers en interface

De plus en plus, l'organisation par projet devient une réalité dans la vie de l'entreprise. Le manager direct et le chef de projet se partagent ces différentes missions. Au manager revient le soin de garantir le maintien en compétence du collaborateur sur les axes forts de son métier. Au chef de projet celui d'animer au quotidien les collaborateurs pour les faire contribuer au mieux à l'atteinte des objectifs du projet.

De même dans le cadre d'une démarche qualité, le responsable qualité pilote le projet, mobilise les ressources, tandis que les managers restent les éléments dynamisant des équipes.

L'encadrement doit montrer l'exemple, s'engager, animer la démarche au sein de leurs équipes.

La direction générale s'engage à mettre en place et à développer le système de management de la qualité en vue d'améliorer la satisfaction des clients, du personnel et des actionnaires. Cela doit se manifester par :

- l'élaboration, la présentation, la diffusion, la mise à jour de la stratégie et de la politique Qualité,
- la définition des objectifs qualité (entretiens annuels),
- la définition des missions et responsabilités,
- la fourniture des moyens nécessaires,
- l'encouragement à la performance.

Les membres du Comité de pilotage doivent manifester leur engagement dans la démarche et le traduire en actions concrètes.

Les managers doivent animer la qualité :

- – en tenant des points qualité courts (15 minutes) et réguliers à l'intérieur de leurs réunions d'équipe,
- – en analysant les résultats des baromètres et indicateurs,
- – en définissant et en menant des actions de progrès.

Ils doivent exprimer leur engagement auprès de leurs « troupes ». Faute d'un signal fort ou pire s'ils manifestent des réticences sur l'intérêt de la démarche, ils risquent de freiner leurs collaborateurs ou les décourager de consacrer du temps à la démarche.

1.2 Aider les managers à s'engager

En management, on constate que toute personne a besoin de trois éléments pour avancer :

- • un positionnement,
- • une perspective claire,
- • de la reconnaissance.

Pour aider les managers à s'engager dans la démarche qualité, il faudra donc s'assurer que :

- – **la direction a défini le positionnement des managers**, leurs rôles dans le projet qualité et qu'ils en ont compris les enjeux. Une information claire sans ambiguïté qui les positionne comme moteurs de la démarche.
  En mettant à disposition des managers les informations sur la stratégie, en argumentant ses choix et en explicitant le rôle dévolu au management, la direction crée les conditions requises pour qu'il y ait implication des managers.
- – Au vu de la stratégie de l'entreprise, et du projet qualité défini, les managers perçoivent la valeur ajoutée de la démarche et en déduisent les perspectives personnelles. La qualité sera ainsi traduite en objectifs opérationnels cohérents avec les objectifs des managers.

▶ gain de productivité pour un responsable de production

▶ augmentation des ventes pour un commercial

- **les managers sont reconnus.** Il faut travailler sur la reconnaissance : comment la direction reconnaît-elle l'engagement de ses managers? C'est un problème à aborder globalement dans l'entreprise : la contribution à la démarche qualité fait-elle partie des critères d'évaluation individuels en fin d'année?

1.3 Raisonner efficacité et valeur ajoutée

La démarche qualité, de par son nom, ne mobilise pas toujours le corps managérial. Le terme fait théorique, passé de mode, sans intérêt. Parfois il peut être intéressant de s'interroger sur le « titre » à donner au projet :

▓ Qualité ou pas qualité?

Exemple ▶ La filiale d'un grand groupe de travaux public avec lequel nous avons travaillé, sous l'impulsion de son président, avait décidé de lancer une vaste opération de résolution de problèmes.

Il lui apparut naturel de parler de « démarche efficacité » plutôt que de démarche qualité.

Ce choix du terme « efficacité » a permis de mettre avant tout l'accent sur la valeur ajoutée de la démarche.

De même, il faut s'interroger sur l'intérêt des systèmes documentaires.

La cure d'amaigrissement imposée à un système documentaire pléthorique va se traduire par des bienfaits mesurables ou au moins vérifiables. La valeur ajoutée de cette opération se verra au travers :

- du nombre de procédures en lignes,
- de la satisfaction des utilisateurs (plus grande facilité de consultation du système documentaire, meilleure lisibilité des documents),
- de l'accroissement du nombre de recours à la documentation.

Raisonner valeur ajoutée conduit forcément à identifier les gains apportés à l'entreprise par le système qualité.

1.5 Qualité et rentabilité : parlons le langage de l'entreprise pour engager la direction

Autant pour les achats, il apparaît facile de mesurer le gain financier obtenu en renégociant des contrats avec les fournisseurs, autant il semble qu'une quantification des gains soit « mission impossible » pour la qualité.

Crosby affirmait : « ce n'est pas la qualité qui coûte cher, c'est la non-qualité. »

La direction est souvent très sensible à la notion de coûts et nous l'avons vu, parler coûts en qualité, c'est se caler sur le langage de l'entreprise.

Exemple ▶ Le cas d'un grand producteur d'eau minérale est édifiant. Aux Etats-Unis, des traces de benzène avaient été trouvées dans l'eau provenant de la source. Grand émoi. Décision des enseignes de la grande distribution de renvoyer les millions de bouteilles au producteur, désaffection des consommateurs pour la marque.

A l'heure des comptes, les coûts de non-qualité se sont avérés fort élevés. Ces coûts pour le producteur incluaient en particulier :
- le coût de reprise et de destruction des bouteilles incriminées,
- le coût de la communication,
- le versement d'avoirs aux clients,
- le coût des analyses et expertises...

A cela s'ajoutait le préjudice commercial qui s'est traduit par une chute de la part de marché.

Dans ce cas, c'est la non-qualité qui coûte cher.

Si l'on étend le raisonnement au secteur agro-alimentaire, la présence de bactéries dans un fromage par exemple, va se traduire par le rappel des lots incriminés mais aussi par une chute des ventes de l'ordre de 20 à 50 %. La perte financière est considérable.

Un investissement dans les contrôles internes permet de détecter ces non-conformités sanitaires avant qu'elles n'atteignent le consommateur et déclenchent des pertes financières. Mais ces contrôles coûtent cher à l'entreprise. L'investissement dans la formation des opérateurs aux règles d'hygiène, une réflexion sur les moyens de production peuvent permettre d'alléger les contrôles et d'en diminuer les coûts.

Aussi doit-on rechercher le point d'équilibre entre la satisfaction des clients et la recherche de la performance financière. Et une responsable qualité s'il veut intéresser sa direction présente à la fois des indicateurs de satisfaction de conformité mais aussi des indicateurs de coûts :

- combien coûte la non-qualité dans l'entreprise ?
- combien coûte le système qualité ?
- quels gains peuvent être envisagés ?
- quelle diminution des coûts de non-qualité viser ?
- quel sera le retour sur investissement ?

2. LA PARTICIPATION DE CHACUN ET NON DE TOUS

2.1 Quelques principes à redécouvrir

La motivation est ce qui pousse à agir.

Agir c'est faire bien, faire différemment ou proposer…

Une personne va s'engager dans la démarche si elle y trouve un intérêt, un plaisir et surtout elle continuera si elle perçoit des signes de reconnaissance de son manager.

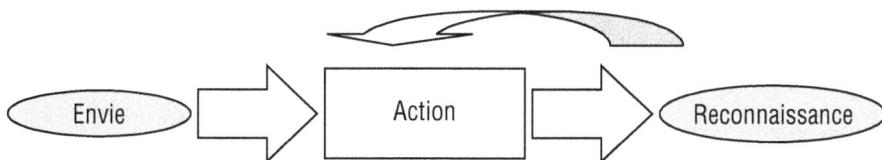

Envie → Action → Reconnaissance

Il s'agit donc de déclencher l'envie de chaque collaborateur : celui-ci aura envie s'il a compris l'intérêt pour l'entreprise et surtout pour lui (ce qu'il va gagner dans la démarche).

On s'assurera de la mise à disposition des moyens nécessaires pour agir. Car parfois l'envie ne manque pas... ce sont les moyens qui ne sont pas disponibles.

Il faut donc vérifier que les principes fondamentaux sont bien respectés et que :

– chacun sait pour quoi il doit agir,
– chacun sait comment agir,
– chacun a les moyens d'agir,
– chacun a envie d'agir.

2.2 Faire adhérer, pas si simple

La réussite d'une démarche qualité repose bien évidemment sur l'utilisation de méthodes et outils appropriés mais ils sont de peu d'efficacité si les hommes et les femmes de l'entreprise ne se sentent pas impliqués dans la démarche.

Pour s'impliquer, chacun doit :

– comprendre les enjeux de la démarche et les bénéfices escomptables pour le client, l'entreprise et lui-même,
– être formé au vocabulaire, aux concepts du management par la qualité,
– connaître le déroulement du projet et son rôle,
– être sensibilisé à l'importance de satisfaire le client et à sa contribution à l'atteinte de cet objectif,
– être régulièrement tenu informé de l'avancement du projet et de ses résultats.

Les actions de sensibilisation et de motivation vont être au cœur des préoccupations du responsable qualité.

Faire adhérer oui ! mais comment ?

Les facteurs de motivation sont propres à chacun, mais il existe un outil très simple qui permet aux responsables qualité ou aux managers de repérer les critères de motivation de chacun.

Il existe en fait 6 facteurs principaux de motivation facilement mémorisables par **l'acronyme SONCAS** :

- **S** écurité
- **O** rgueil
- **N** ouveauté
- **C** onfort
- **A** rgent
- **S** ympathie

Une argumentation spécifique pourra être développée pour chaque facteur de motivation.

Pour quelqu'un motivé par la sécurité, on pourra dire «*Avec la Qualité, le travail est très bordé. Les risques sont maîtrisés*».

Pour quelqu'un sensible à l'orgueil, on pourra expliquer qu'être auditeur qualité peut être valorisé dans un curriculum vitae.

Etc.

Le tableau ci-dessous donne des arguments pour chaque motivation.

Motivation	Argumentation
Sécurité	«Avec la Qualité, le travail est très bordé. Il n'y a pas de question à se poser, les risques sont maîtrisés.»
Orgueil	«Nous pourrions être les premiers de notre groupe à calculer les coûts de non-qualité.»
Nouveauté	«Avec la qualité on va innover; on va redéfinir les processus et les gérer.»
Confort	«La qualité apporte du confort. Il n'y a qu'à suivre les procédures.»
Argent	«La performance qualité va comme la productivité rentrer dans le calcul de la prime annuelle» «Savoir manager la Qualité est une compétence très recherchée par les employeurs qui se vend bien.»
Sympathie	«J'ai besoin de toi dans ce groupe de travail. On se connaît depuis 10 ans, fais cela pour moi!»

Pourquoi cette méthode est-elle si efficace? Parce qu'elle est personnalisée et que la motivation de chacun est stimulée.

2.3 Organiser une séance de sensibilisation

AIDA c'est le nom d'un opéra de Verdi. Mais c'est aussi l'acronyme donnant une échelle d'engagement dans l'action qui est très utile pour concevoir des modules de sensibilisation.

A ttention – Attirer l'attention
I ntérêt – Susciter l'intérêt
D ésir – Créer le désir d'action
A ction – Passer à l'action

Exemple ▶ Un futur acheteur de voiture, va, avant de concrétiser son achat passer successivement par les stades suivants :

Tout d'abord, il envisage de remplacer sa voiture, son regard est attiré dans les magazines par des publicités sur les voitures. Il devient un consommateur attentif à ce sujet. Les publicités vont alors susciter son intérêt : il lit les textes des publicités, il mémorise tel ou tel argument.
Maintenant il est mûr : il a décidé que le prochain gros achat sera une nouvelle voiture. Il fait des comparaisons, son choix est arrêté
Il ne lui reste plus qu'à passer à l'action.

Ce processus s'applique aussi dans le cadre des démarches qualité.

Avant de lancer des séances de sensibilisation, le responsable qualité fera un bilan du niveau d'engagement des collaborateurs :

- Combien sont encore indifférents ?
- Combien sont attentifs ?
- Combien sont intéressés ?
- Combien sont désireux d'agir ?
- Combien sont dans l'action ?

Une fois cette évaluation menée, on fixe des objectifs aux réunions de sensibilisation. Le contenu de ces modules sera différent (fond et forme) selon que l'on cherche à faire basculer des personnes intéressées dans le désir d'action ou à intéresser les indifférents.

Exemple ▶ Une entreprise de 100 personnes qui se lance depuis 3 mois dans une démarche qualité.

■ **Situation de départ**

Stade	Nombre d'individus
- indifférence-	10
Attention	60
Intérêt	20
Désir d'action	7
Action	3

■ **1re séance/objectif : augmenter le nombre d'individus «intéressés»**

	Objectif	Moyen
- indifférence-	0	Présentation des grandes lignes du management de la qualité, de la démarche proposée, du calendrier. Montrer les avantages de la démarche, les enjeux pour l'entreprise et les personnes
Attention	0	
Intérêt	▼ 90	
Désir d'action	7	
Action	3	

■ **2ᵉ séance : augmenter le nombre d'individus «désireux d'agir»**

	Objectif	Moyen
- indifférence-	0	Témoignage d'un directeur et de ses collaborateurs d'une société avec démarche qualité réussie
Attention	0	
Intérêt		Présentation détaillée du plan d'action et des moyens de participation (suggestions, groupe de travail), mise en valeur des acteurs déjà impliqués.
	0	
Désir d'action	▼ 97	
Action	3	

3. COMMENT ANIMER LA QUALITÉ AU QUOTIDIEN

3.1 Nommer des relais qualité

Souvent dans les entreprises, on nomme un responsable qualité qui va avoir comme mission de piloter la démarche. Coordinateur, il n'a pas forcément d'équipe importante pour travailler directement, hiérarchiquement avec lui. Dans ce cas, il s'appuie, bien sûr, sur les managers et/ou les pilotes des processus.

On observe aussi souvent la nomination de **relais qualité** appelés aussi correspondants, animateurs qualité. Ils vont avoir comme mission supplémentaire dans le cadre de leur métier d'animer la qualité dans leur zone d'activité. Choisis conjointement avec les managers, ils auront plus particulièrement comme rôle :

- d'animer des groupes de travail,
- de mettre à jour l'affichage,
- de s'assurer de la mise à jour des documents,
- d'intégrer les nouveaux entrants, leur présenter le système qualité,

- de faire remonter les dysfonctionnements, les propositions d'améliorations,
- de préparer les audits qualité,
- de suivre les actions correctives en cours,
- etc.

Ces relais qualité sont aussi fréquemment auditeurs qualité.

■ **Quels avantages** de nommer des relais qualité ?
Une dynamique va être assurée au sein de l'entité concernée, chaque collaborateur pourra trouver auprès d'eux des renseignements, des réponses aux questions qu'il se pose. Le responsable qualité peut s'appuyer sur eux pour relayer le discours, faire vivre au quotidien la démarche.

Si l'on choisit bien le relais (une personne reconnue, légitime) elle sera une interface très efficace pour «faire passer les messages».

■ **Des inconvénients ?**
Oui, on peut d'abord en citer deux : d'abord un désengagement de la hiérarchie qui va considérer que la qualité est maintenant l'affaire du relais qu'il vient de nommer ; ensuite, il peut arriver que les autres collaborateurs reportent sur ce correspondant les responsabilités qualité. La qualité au final n'est plus l'affaire de tous mais l'affaire du relais qualité.

Pour éviter ces écueils on aura soin de changer souvent d'animateur qualité et de s'assurer que des points réguliers sont organisés avec son manager.

A cela s'ajoute un troisième danger : que le relais ne dispose ni de temps officiel, affiché pour remplir sa mission, ni de reconnaissance officielle de cette contribution. Le risque est alors évident : la démotivation sera rapide !

3.2 Créer un plan de communication

La communication suscite et maintient de l'intérêt. Sans communication, le personnel va vite se détourner de la démarche.

Une communication bien dosée sur le fond et la forme sera un atout clé.

Le responsable qualité doit donc établir son plan de communication :

      – Qui va communiquer ?
      – Que va-t-on communiquer ?
      – A quelle fréquence ?
      – Vers quelles cibles ?
      – Par quels moyens ?
      – Quand communiquer ?

Une réflexion sera aussi menée sur le sens de la communication ; on recherche une communication ascendante et descendante, interne et externe.

■ Qui va communiquer ?

Le responsable qualité ne doit pas être le seul à communiquer autour de la démarche qualité.

La communication doit passer par la direction et les managers :

– la direction explique sa politique qualité,
– les managers communiquent sur les objectifs, les plans d'action opérationnels, les résultats et l'avancement des actions, les changements de méthodes de travail.

Le responsable qualité lui transmet toutes les informations plus globales sur le système qualité, les processus, les produits, les clients...

■ Que communiquer ?

– **L'intérêt, les enjeux de la démarche** feront l'objet de séquences de sensibilisation comme la formation aux modifications d'organisation et de méthodes de travail (approche processus, mise en œuvre de nouvelles procédures).
– **Les objectifs qualité** qui donnent du sens au projet.
– **Les plans d'actions**, les chantiers lancés sont commentés en global puis par service en assurant la cohérence de l'ensemble.

- **Les responsabilités et autorités** en matière de qualité font aussi l'objet d'une communication globale.
- **L'état de l'avancement du projet,** avec ses éventuelles difficultés est un élément essentiel pour soutenir l'intérêt sur plusieurs années, mobiliser et obtenir une contribution durable de tous. On pourra recourir à un **flash-performance régulier**. Les gens savent bien que ce genre de grands projets rencontre des difficultés (décalage de planning, une adhésion qui prend lentement…). Il faut éviter toute communication tapageuse et en trompe-l'œil surtout au lancement de la démarche et préférer une communication plus discrète mais vraie.
- **Afficher des résultats rapidement** est incontournable. Les démarches qualité comportent parfois des chantiers dont l'aboutissement se fera au bout de longs mois. En attendant, le personnel qui ne voit rien venir se demande si la montagne accouchera un jour… d'une souris ! Le personnel a besoin, sans attendre cette échéance, de constater que la démarche produit des résultats. Certains ne s'engageront dans la démarche qu'à cette condition préalable obtenue rapidement.
- **S'appuyer sur les baromètres de satisfaction clients** qui peuvent apporter une aide sur plusieurs plans :
  • Communiquer les résultats des enquêtes aux personnels c'est montrer que le processus d'écoute client est établi et qu'il produit des mesures c'est-à-dire une information sur l'évolution de la satisfaction des clients.
  • Choisir judicieusement les points d'insatisfaction pour lesquels des actions de progrès simples produiront rapidement une amélioration sensible et incontestable sans toucher à l'organisation.
  • Communiquer sur ces résultats renforcera la crédibilité de la démarche et soutiendra le moral des troupes.

- **Communiquer sur les acteurs, pour motiver.** Valoriser les hommes à travers leur contribution, leurs efforts, leur performance, leurs bonnes pratiques renforce l'adhésion au projet. Elle sert aussi de stimulant en jouant sur l'émulation. Il faut penser à valoriser les membres des groupes

de travail (photos et noms). Cela présente au moins deux vertus :
- gratifier les individus et faire reconnaître leur travail,
- permettre à tout un chacun de vérifier la représentativité des groupes de travail (activités, métiers, fonction, origine géographique) et de se retrouver à travers eux.

– **Une communication généraliste** sera aussi adossée à la communication plus spécifique. Elle inclut :
- les dates importantes (visite d'un client, passages-clés du projet qualité),
- le réseau qualité : auditeurs, animateurs de groupe de travail,
- les audits qualité : où en est-on ?
- les modifications du système qualité,
- les réussites et les échecs,
- les faits marquants.

– Et puis le responsable qualité, aidé des managers, n'omettra pas de communiquer régulièrement sur les consignes, les pratiques à appliquer et développer.

Vers qui communiquer ?

C'est toute l'entreprise qui est forcément la cible d'une communication qualité.

Mais on différenciera la communication ascendante, vers les managers et la direction, et descendante vers les collaborateurs. Les cibles sont :

- La direction
- Les managers
- Les collaborateurs
- Les groupes qualité
- Les relais qualité.

Mais aussi il faut intégrer les clients et les fournisseurs.

Comment communiquer ?

On recherchera la variété et la complémentarité des canaux de communication utilisés dans le temps.

– L'affichage : simple et attractif.

– L'intranet : on observe de plus en plus d'intranet qualité où chacun va pouvoir trouver les informations qui lui sont nécessaires.

– Les mails : pour communiquer rapidement et à l'ensemble du personnel.

– Les réunions. Les réunions importantes sont celles où les managers réaffirment auprès de leur équipe leur engagement, rappellent la politique qualité et disent comment au quotidien cette politique est mise en œuvre :
  • les objectifs choisis,
  • les plans d'action en cours,
  • les règles à respecter au quotidien, (méthodes de travail, contrôles),
  • les résultats obtenus,
  • les réclamations et/ou félicitations des clients.

– Le travail en groupe au cours duquel va être traité un problème.

– Le journal qualité ou flash-info qui va paraître par exemple tous les deux mois pour donner des informations qualité actualisées. Il peut contenir des résultats, des témoignages des descriptions d'actions.

– Les points d'informations : un ordinateur mis à disposition, placé au plus près des équipes de production.

– Les grandes manifestations officielles : informations lors des séminaires par exemple.

Attention à ne pas privilégier les moyens de communication passifs qui n'induisent pas d'interactivité.

■ Quand communiquer?

A chaque étape de la démarche il convient de définir la communication adaptée. Chaque événement important sera aussi accompagné d'une action de communication. Le challenge au final est de trouver le juste équilibre entre la surinformation et le manque d'information.

■ **Etablir son plan de communication**

Pour le responsable qualité, une façon de concevoir sa communication est de réfléchir chaque année à son plan de communication : qui va communiquer quoi ? À qui ? Comment ? Sous quelle forme ?

L'essentiel est d'adapter son message et sa forme au public. Faire simple et court est souvent préférable aux longs discours.

On privilégiera les canaux de communication traditionnels de l'entreprise qui ont fait leurs preuves mais rien n'empêche un responsable qualité d'innover, de se risquer sur des chemins moins institutionnels qui donneront à la démarche un ton neuf.

Exemple ▶ **Voici le plan de communication d'une société qui a décidé de lancer une démarche d'amélioration de la Qualité par la mise en place d'un système Qualité ISO 9001.**

Plan de communication ISO 9001					
Etape	**Cibles**				**Messages principaux**	**Moyens**
	Encadrement	Personnel	Groupes de travail	Relais		
Lancement démarche	X	X			➤ Exposer les enjeux. ➤ Présenter la démarche. ➤ Donner le planning. ➤ Expliquer le rôle de chacun dont le Chef de projet et le Responsable ➤ Qualité	Lettre Flash Qualité Réunions par service
Formation et sensibilisation	X	X			➤ Expliquer que tout le monde va être informé/formé. ➤ Donner les dates. ➤ Rendre compte à l'issue des formations.	Réunions

.../...

Plan de communication ISO 9001					
Etape	Cibles				**Messages principaux**	**Moyens**
	Encadrement	Personnel	Groupes	Relais		
Elaboration du système de management de la Qualité	X	X	X		➢ Exposer la finalité. ➢ Convoquer. ➢ Informer de l'avancement. ➢ Valoriser les membres des groupes de travail.	Témoignages affichage
Mise en application des procédures	X	X		X	➢ Expliquer le rôle des relais. ➢ Communiquer sur les résultats des actions de progrès.	Réunion des relais/auditeurs + Flash Qualité + affichage
Audits Qualité internes	X	X		X	➢ Démystifier. ➢ Audit = outil de progrès différent «flicage», etc. ➢ Coopérer, vous progresserez.	Flash Qualité
Audit à blanc	X	X			➢ Répétition générale. ➢ C'est comme l'audit de certification.	Réunions Flash qualité
Audit de certification	X	X			➢ Rassurer, donner confiance. ➢ Mobiliser. ➢ Donner les ultimes consignes. ➢ Donner les résultats, remercier.	Réunions
Après annonce, obtention certification	X	X	X	X	➢ Se remémorer. ➢ Gratifier.	Fête Remise cadeau souvenir

3.3 Concevoir des messages concrets et adaptés

Les messages clés sont tous ceux qui vont donner du sens à la démarche et qui expliquent **sa valeur ajoutée**.

Exemples ► La qualité est au service de la compétitivité de l'entreprise.

La non-qualité aujourd'hui se chiffre à 4 % de notre CA.

Nos procédures nous aident à clarifier qui fait quoi dans notre entreprise.

► La qualité c'est pour conserver nos clients et pérenniser nos activités.

Bien faire, c'est le minimum que le client attend de nous.

Ce sont **ceux aussi qui vont parler des clients et de nos concurrents**

Exemple ► Voici les 5 attentes clés de nos clients...

Aujourd'hui les 4 causes de réclamations les plus importantes sont...

Sur le marché voici nos 3 concurrents, leurs points forts et leurs points faibles...

Comment nos clients nous perçoivent...

Les mots du client...

■ N'oublions pas **la politique qualité et les objectifs associés**

Exemple ► Nous allons cette année concentrer nos efforts sur...

Pour mieux servir nos clients, il nous faut travailler sur...

Et tous **ceux qui vont amener chacun à s'impliquer**

Exemple ► La qualité c'est l'affaire de chacun : chacun a son rôle dans la satisfaction du client, chacun a un client dans l'entreprise.

La qualité se pense au futur mais se traduit au quotidien.

Qui est le responsable de la qualité de votre travail ? Vous !

Et enfin, tous les **messages qui vont rendre très concret** ce concept que certains jugent trop théorique...

Exemple ▶ La qualité chez nous se traduit par des procédures, des contrôles à effectuer, des suggestions à remonter.

Voici nos résultats qualité : ils sont en amélioration de....

Depuis deux mois nos réclamations ont augmenté de 10 %. Alerte !

A ce jour nous avons résolu définitivement 4 problèmes de réclamations.

Nos coûts de non-qualité ont diminué de 30 %.

3.4 Soutenir la communication par de l'événementiel : définir aussi un plan d'animation

▩ Pourquoi soutenir la communication par de l'événementiel ?

Chacun dans l'entreprise est soumis à un flux d'information sur une multitude de sujets. Face à une communication régulière émanant de canaux classiques, il y a accoutumance et le message perd de sa vigueur. Il faut donc relancer l'intérêt en créant un événement, en le mettant en relief de façon que le message qualité soit affirmé avec force. Et ne pas hésiter à jouer sur le registre ludique.

▩ Quel événement ?

Tout ce qui se rattache à un fait défini dans le temps. Par exemple :

- un événement directement lié au plan d'action qualité, comme le lancement ou la fin d'une étape clé qualité en terme de reconnaissance (par exemple la célébration de la Certification ISO 9001 d'une entité);
- un événement touchant les clients (par exemple le millionième produit livré).

Les événements qualité sont aussi là pour affirmer l'importance de l'engagement de la direction et mobiliser les équipes (sensibilisation, formation, rappel de bonnes pratiques, etc.).

On peut imaginer :

❑ Une visite interne de l'entreprise (deux heures) avec la présentation dans tous les services de leurs actions qualité.

❑ Un séminaire d'une demi-journée avec des challenges à réaliser par équipe.

❑ Un concours : quel slogan pour la qualité ?

❑ Des affichages ludiques.

❑ Une concentration des audits internes sur trois jours.

❑ Un témoignage de clients (hors audits).

❑ Etc.

■ Quand situer l'événement ?

❑ Soit au moment d'un temps fort de la démarche (juste avant un audit client important).

❑ Soit en créant de toutes pièces un événement et en le situant dans une période creuse, « à contre-temps » afin de stimuler les énergies, accompagner dans l'effort.

❑ Il est possible aussi d'alterner les deux.

Bien entendu, il faut fixer des limites dans le temps et dans l'espace pour ces actions de stimulation.

■ Qui est concerné ?

Comme en communication, la cible visée doit être définie. Ainsi, un concours de slogans sur la démarche Qualité permettra de sensibiliser le personnel sur l'amélioration continue.

Un événement, comme la mise en place d'un QUIZZ sur intranet, permettra de s'assurer de l'appropriation par le personnel de connaissances sur le management de la qualité.

3.5 Faire de l'affichage intelligent

L'affichage permet de communiquer vers tout le personnel facilement. Il renforce le sentiment d'appartenance et rend visible les progrès obtenus.

▧ **Afficher quoi?**

On distinguera :

❏ Les informations au niveau de l'entreprise :

- Les résultats de l'entreprise, sa position sur le marché
- Les clients
- Les actualités de l'entreprise
- Les projets de l'entreprise
- La politique qualité
- L'organigramme.

❏ Les informations au niveau de l'équipe ou du service :

- La vie de l'équipe (les évènements majeurs)
- Les consignes de travail (procédures)
- Le plan d'action qualité de l'entité (Progrès) avec les objectifs qualité
- Les résultats obtenus
- Les faits marquants (réussites, groupe de travail, visite d'un client...)

❏ Les informations au niveau des individus : suggestions, etc.

On séparera le journalier, les acquis, les actions de progrès, le fonctionnement.

Exemple de tableau d'affichage :

Suggestions		Aujourd'hui en bref	Progrès	Atelier
Proposées	En cours	le 03/01/2005	Résultats n-1 Actions	Nos produits
			1.	Consignes de travail
			2.	L'organisation
		Résultats d'hier	Objectifs n 3.	L'équipe
		☺	4. Avant Après	

Source Cegos

■ **Afficher comment ?**

On privilégiera les schémas aux tableaux souvent difficiles à lire. Les «pictogrammes» qui ponctuent les schémas (par exemple des soleils, des nuages, des têtes de bonshommes) donnent une information synthétique qui peut être complétée ensuite par la lecture de commentaires.

Message simplifié pour capter l'attention et inciter à rechercher plus d'informations.

■ **Exemples de flash** (signes d'attention) :

☺   ☹

✳   ☁   ⚡

■ **Quelques conseils**

❏ Attention à la **sur-information;** le risque est de lasser ou de décourager les lecteurs potentiels.

❏ Raisonner **acquisition plutôt que transmission :** on recherche à avoir des lecteurs actifs qui s'informent, réfléchissent, vont à la recherche d'informations complémentaires.
Le Flash permet de susciter l'intérêt ➡ on se pose des questions ➡ on recherche un approfondissement dans les commentaires.

❏ Faire des **affichages variés** (pas que des graphiques).

❏ **Intégrer la qualité** dans le fonctionnement de l'atelier ou du service, plutôt que de réserver un affichage séparé.

❏ **Séparer les informations à renouvellement** rapide des informations à renouvellement lent.

– information rapide ➡ actualités – à renouveler chaque jour ou chaque semaine

– lent ➡ ces informations sont stockées ➡ elles sont durables et portent sur les produits, l'équipe, l'organisation, les projets....

exemple ► exemple d'informations synthétiques sur l'activité d'un service. Les 3 indicateurs clés sont : la qualité des produits, la productivité et la sécurité du personnel. Aucune valeur n'est donnée. On informe juste sur l'atteinte ou non de l'objectif.

Constats

semaine 9					
	L	M	M	J	V
Qualité	○	○	●	⊗	⊗
Sécurité	○	⊗	○	⊗	○
Productivité	○	●	○	○	○

○ Rien à signaler

⊗ Problèmes mineurs

● Problèmes graves

On peut associer à ces données à renouvellement rapide des informations plus complètes par mois par exemple. On commentera le juste nécessaire en rappeler le contexte et en adaptant le langage au public visé.

❏ **Sur la forme :**

– Utiliser des grands caractères.
– Moins de 15 lignes/page et 2 pages maximum.
– Penser au classeur vertical (économiser la place).
– Préférer des graphiques aux tableaux pour les résultats.
– Utiliser des couleurs.

3.6 L'apport des audits internes à la démarche qualité

L'audit est sûrement un des moyens les plus efficaces pour faire vivre une démarche qualité.

A la vision classique et un peu démodée d'un affrontement entre un auditeur tout-puissant (il est habilité à poser toutes sortes de questions) et un audité qui « subit l'audit », nous préférons celle plus moderne et porteuse de valeur ajoutée d'une équipe composée d'auditeurs et d'audités à la recherche continuelle de l'amélioration.

Lorsque le responsable d'audit intervient en réunion d'ouverture d'un audit, il le positionne immédiatement comme un outil de progrès : les auditeurs devront ensuite le prouver tout au long de leur intervention.

C'est là qu'intervient la notion de valeur ajoutée de l'audit. Auparavant, les audits étaient centrés sur la vérification de l'existence de procédures et de leur application systématique. Aujourd'hui ils sont là avant tout pour s'assurer que les processus sont efficaces et que les objectifs sont atteints (toutefois il convient de vérifier périodiquement que les dispositions prévues sont toujours appliquées). Ils assurent aussi la dynamique de la démarche. Les échanges engagés avec les audités, les questions posées sur le métier, l'organisation, l'analyse en commun des résultats sont autant de point d'ancrage de la démarche auprès des collaborateurs.

On recherche donc à la fois l'application des dispositions prévues et l'atteinte des résultats : la double conformité résultats/moyens (cas idéal : n° 1 de notre schéma ci-dessous).

En fait, lors d'un audit, on peut constater que les procédures sont appliquées et que pourtant les objectifs ne sont pas atteints (cas n° 2). Cela remet en cause la procédure définie.

Il est possible aussi d'observer que les procédures ne sont pas appliquées mais que les résultats sont atteints (cas n° 3). Cela aussi remet en cause les procédures ou les processus.

Dernier cas possible (le n° 4) : on n'applique pas les procédures et les résultats ne sont pas atteints. Ce constat chaotique va sans doute inciter les managers à faire appliquer les pratiques définies.

Application des. procédures		
	Oui	non
Atteinte des résultats — Oui	Cas N° 1 OK	Cas N° 3 Remettre en cause les procédures?
Atteinte des résultats — Non	Cas N° 2 Remettre en cause les procédures?	Cas N° 4 Faire appliquer?

Il est possible d'évaluer la valeur ajoutée de l'audit.

Exemple ▶ Lors d'un audit sur le processus «acheter» l'écart suivant est détecté et formulé ainsi : «Une société de service assure une prestation de moyens alors que le contrat stipule une obligation de résultat : le prestataire spécialiste en traitement d'eau de chauffage doit contractuellement le maintien du PH de l'eau à une certaine valeur. Il a été constaté que lors des visites techniques, cette société se limite à mesurer la valeur du PH sans ajout d'un produit pour se conformer à la valeur cible.»

L'auditeur vient de relever un écart qui risque d'avoir des conséquences opérationnelles (il étayera son constat en évaluant les impacts de cet écart au plan financier et sur la qualité de l'eau de chauffage.)

Les audités auront à cœur de traiter cet écart, ce dysfonctionnement.

Nous sommes bien au cœur de l'amélioration permanente. Le temps consacré à l'audit n'est plus perçu comme une perte de temps, comme la matérialisation d'une exigence bureaucratique, d'une norme mais comme un investissement générateur de valeur ajoutée.

Un président d'EDF avait l'habitude de dire qu'entre le moment où il prenait une décision et celui où celle-ci était appliquée par tous sur le terrain, il s'écoulait souvent un an. Sans aller jusqu'à ces extrémités, le management se heurte souvent à des difficultés d'application et n'a pas l'assurance que la mesure est appliquée systématiquement.

Les audits de la démarche Qualité viennent vérifier que les dispositions sont appliquées comme elles doivent l'être. On ne se limite pas au «déclaratif», on vient rechercher avec les audités la preuve de l'amélioration permanente et des axes de progrès.

Ainsi un audit devient un acte de management ou au moins de support du management. Certains esprits chagrins diront qu'il est dommage que l'on doive attendre les audits pour s'assurer que le travail est fait correctement.

Nous pensons que les 2 actions de management et d'audit se complètent. C'est ainsi que l'on parlera du management **par** la Qualité.

L'audit est aussi un outil de motivation. L'auditeur par ses questions révèle son intérêt pour le travail de chacun et apporte de l'eau au moulin du manager dans la mesure où ces remarques vont dans le même sens. Il met en valeur tout ce qui a été mis en place pour faire avancer la qualité.

Nous baptisons cela la **Oui qualité**. Il y a autant de valeur ajoutée potentielle à mettre en évidence une piste d'amélioration qu'une bonne pratique à étendre à d'autres secteurs de l'entreprise.

Les auditeurs, tout comme les correspondants Qualité, sont des ambassadeurs de la Qualité.

3.7 Les responsabilités du responsable Qualité

Pour mener à bien le projet qualité il est indispensable que soit précisée la mission du responsable qualité.

La direction définit par écrit ce qu'elle attend de ce poste et les autorités associées :

Si la mission principale est de mettre en place et d'animer le système de Management Qualité (et d'assurance Qualité), Ses responsabilités sont très variables d'une entreprise à l'autre, elles dépendent de la taille de la société, de ses ambitions qualité, de son organisation et de la nature de ses activités.

■ **Voici quelques points de repères sur les composantes de cette mission :**

❏ Manager la qualité dans l'entreprise (définir les objectifs annuels Qualité, élaborer les plans d'actions, mettre en place des systèmes de mesure, exploiter les résultats), rendre compte des résultats et des actions, provoquer la réduction des coûts de non-qualité;

❏ Coordonner, former, informer, promouvoir la Qualité;

❏ Mettre en œuvre l'assurance Qualité : organiser la mise en place des procédures et leur suivi par des audits internes, assurer la traçabilité des prestations;

❏ Définir la qualité du produit/service en collaboration avec les autres entités;

❏ Qualifier les produits, matières premières, sous-traitants et fournisseurs (Assurance Qualité Fournisseur) en collaboration avec les services concernés;

❏ Valider un système de contrôle pour assurer la qualité constante des produits ou services;

❏ Assister les autres services pour éliminer les causes de défauts;

❏ Gérer les documents relatifs à la Qualité (manuel Qualité, rapports d'audits, procédures, etc.);

❏ Définir et gérer le budget Qualité;

❏ Assurer le respect des textes réglementaires;

❏ Être à l'écoute de l'extérieur;

❏ Être le représentant permanent du client au sein de l'entreprise.

❏ **Pour chaque mission** définie ci-dessus il est possible d'associer :

– Les moyens mis à disposition pour remplir la mission (humains, matériels, financiers). Ceci est propre à chaque entreprise;

– Les critères d'appréciation des résultats obtenus (ex : baisse des CNQ, augmentation du niveau Qualité).

❑ **Il existe trois niveaux possibles d'autorités de responsabilités :** le niveau d'exécution, de recommandation et de
prise de décision.

Exemple ▶ **Niveau d'exécution**

Mettre en œuvre les Objectifs Qualité définis par la Direction
Générale.

Niveau de recommandation ou d'avis

Aider à la Qualification d'un procédé, apporter une
assistance à un service pour le traitement d'un produit non
conforme.

Niveau de prise de décision

Décider d'une dérogation ; choisir des outils Qualité à mettre
en place ; décider de l'arrêt de la production en cas de
constat de non–conformité grave.

▪ **Les qualités du responsable qualité**

N'est pas bon responsable qualité qui veut. Cette fonction à la
fois simple (la logique du PDCA est évidente) et complexe
(fonction transversale) demande au moins cinq qualités.

La patience : Rome ne s'est pas faite en un jour et une démarche qualité ne peut avancer à pas de géant. il faut faire pas à
pas, en s'assurant que chacun suit à son rythme. La qualité va
nécessiter parfois d'agir sur l'organisation, les métiers, les
façons de faire. Ces changements devront être analysés, expli-
qués, accompagnés.

La rigueur : être méthodique, comme tout chef de projet, est
un impératif. Un responsable qualité doit savoir planifier, suivre,
mesurer… Il sait repérer et réagir aux dérives.

Le charisme : le responsable qualité est un facilitateur, un
accélérateur. Il doit donner confiance et envie d'agir. Pour cela il
aura toujours à cœur de donner du sens à l'action, expliquer
sans cesse le pourquoi et le pour quoi de la démarche.

L'écoute : il ne peut rester dans sa tour d'ivoire. Sans cesse, il
écoutera les managers les opérationnels pour prendre en

compte (ou pas) les remarques des opérationnels. La démarche qualité sert le client mais aussi l'entreprise.

Un positionnement en tant que ressource : Il ne doit pas être perçu comme un donneur de leçon, celui qui dit comment faire, mais bien comme une aide au sein de l'entreprise, une personne qui va permettre à chacun de mieux faire.

Le QUIZ ci-après, permet à chaque responsable qualité de repérer ses tendances personnelles.

Autodiagnostic

	Lorsque je dis :	Je suis plutôt	
		Frein	Res-source
1	Les audités ont une semaine pour proposer des améliorations.		
2	Je raisonne plutôt sur le comment que sur les pourquoi.		
3	Je n'aime pas les critiques qui remettent en cause ma façon de travailler.		
4	Je réserve 50 % de la revue de direction aux suggestions et améliorations.		
5	Je communique aussi bien sur les enjeux que sur les actions.		
6	Je ne reçois que sur rendez-vous le jeudi.		
7	Je me déplace avant d'envoyer un courrier important.		
8	C'est toujours moi qui décide unilatéralement de l'ordre du jour des revues de direction.		
9	Je fournis les outils de progrès.		
10	J'accompagne les managers chez les clients difficiles.		
11	J'assiste les managers pour qu'ils identifient les sources de progrès.		
12	Je conçois un plan d'action approprié pour améliorer un processus.		
13	Lorsque mon interlocuteur critique les lourdeurs du système, je préfère ne pas l'écouter car cela ne sert à rien.		
14	J'organise des réunions informelles, pour recueillir les critiques et suggestions d'amélioration du système qualité.		
15	J'aide ma direction à promouvoir la qualité dans l'entreprise.		
16	La direction de l'entreprise devrait s'impliquer beaucoup plus.		
17	J'affirme que la qualité est au service de tous.		
18	Je démontre que la qualité est au service du plus grand nombre.		
19	Le système doit détecter les erreurs et je les corrige seul.		
20	Je suis le garant de la cohérence du système.		

Correction du QUIZ

	Lorsque je dis :	Je suis plutôt	
		Frein	Res-source
1	Les audités ont une semaine pour proposer des améliorations.	X	
2	Je raisonne plutôt sur le comment que sur les pourquoi.		X
3	Je n'aime pas les critiques qui remettent en cause ma façon de travailler.	X	
4	Je réserve 50 % de la revue de direction aux suggestions et améliorations.		X
5	Je communique aussi bien sur les enjeux que sur les actions.		X
6	Je ne reçois que sur rendez-vous le jeudi.	X	
7	Je me déplace avant d'envoyer un courrier important.		X
8	C'est toujours moi qui décide unilatéralement de l'ordre du jour des revues de direction.	X	
9	Je fournis les outils de progrès.		X
10	J'accompagne les managers chez les clients difficiles.		X
11	J'assiste les managers pour qu'ils identifient les sources de progrès.		X
12	Je conçois un plan d'action approprié pour améliorer un processus.	X	
13	Lorsque mon interlocuteur critique les lourdeurs du système, je préfère ne pas l'écouter car cela ne sert à rien.	X	
14	J'organise des réunions informelles, pour recueillir les critiques et suggestions d'amélioration du système qualité.		X
15	J'aide ma direction à promouvoir la qualité dans l'entreprise.		X
16	La direction de l'entreprise devrait s'impliquer beaucoup plus.	X	
17	J'affirme que la qualité est au service de tous.	X	
18	Je démontre que la qualité est au service du plus grand nombre.		X
19	Le système doit détecter les erreurs et je les corrige seul.	X	
20	Je suis le garant de la cohérence du système.		X

A retenir

❑ L'adhésion des managers est une condition incontournable de réussite. Plus la qualité est intégrée comme une dimension de l'activité moins il y a de résistance.

❑ On parle de management par la qualité, nous préférons la qualité par les managers. La qualité est avant tout un acte de management.

❑ Prendre le temps d'expliquer, de rappeler les enjeux, et de raisonner valeur ajoutée est indispensable avant de se lancer dans l'action.

❑ Chaque manager doit trouver un facteur de motivation dans le projet qualité (Soncas !)

❑ Les relais qualité sont des éléments de déploiement dans une structure.

❑ Communiquez en interne sur les clients !

❑ Alternez les modes de communication et les sujets. Faites varié et ludique !

❑ Ne faites pas de la qualité un sujet triste. Elle ne le mérite pas !

❑ La communication est sans cesse à relancer. Entre les grandes étapes de la démarche, prévoyez des actions de remobilisation.

❑ La non-qualité est à maîtriser, la « oui – qualité », c'est-à-dire la circulation des bonnes pratiques, la valorisation des réussites individuelles et collectives, est aussi à développer !

Bonus : la Norme ISO 9001 et la Certification : intérêts et limites

La certification ISO 9001 est une reconnaissance officielle, délivrée par un des organismes certificateurs (AFAQ, BVQI, SGS…) qui atteste de la conformité de votre système qualité aux exigences d'une norme internationale de management de la qualité : la norme ISO 9001.

▪ Qu'apporte cette certification à une entreprise ?

Certains clients intègrent la certification comme un des critères de sélection de leurs fournisseurs, elle devient donc un passage incontournable pour accéder à des marchés.

C'est aussi pour d'autres entreprises une démarche volontaire pour construire un système de management de la qualité et s'engager dans une démarche de progrès. La certification en elle-même, avec l'audit, oblige les entreprises à atteindre et maintenir des objectifs concrets. (Les responsables qualité reconnaissent tous l'effervescence qui précède un audit de certification…)

La norme ISO 9001 représente un formidable « canevas » pour mettre en place un système structuré, puisque le référentiel impose des exigences qu'il faut respecter. Ces exigences restent logiques pour toute entreprise qui veut assurer la satisfaction de ses clients à tous les coups; elles portent sur l'organisation de l'entreprise, le rôle de la direction et des managers, les responsabilités et compétence de chacun, et zooment sur des activités clés de l'entreprise : le commercial, la métrologie, les achats, la conception, la production, la qualité.

■ Plus concrètement le modèle ISO 9001 est structuré en 5 chapitres

❏ Le premier chapitre fixe des *exigences sur le système qualité.*

L'approche processus est imposée avec une logique de progrès (PDCA); il faut identifier ses processus clés et en assurer la maîtrise et l'amélioration continue.

Des exigences propres au système documentaire sont aussi définies : les documents qualité (manuel, procédure, instructions) créés doivent être validés, disponibles, mis à jour en tant que de besoin.

La norme n'exige pas forcément de nombreux documents, elle exige d'office 6 procédures purement qualité (celles de maîtrise documentaire, de maîtrise des enregistrements, d'audits internes, de maîtrise du produit non conforme, celles de mise en œuvre d'actions correctives et d'actions préventives) et tous les documents qui seront nécessaires pour garantir à tous les coups la satisfaction du client (chaque entreprise le définit elle-même).

Il y a aussi des exigences sur les enregistrements relatifs à la qualité : ce sont toutes les preuves des contrôles, des réunions, des actions réalisées dans l'entreprise. Il est nécessaire de fixer qui archive quoi, où et combien de temps...

❏ Le deuxième chapitre est *celui de la responsabilité de la direction.*

La direction doit prouver son engagement, formaliser par écrit sa politique qualité et les objectifs associés, et assurer les fonctions concernées qu'ils sont bien établis. Elle doit aussi faire avec le service qualité et les managers un bilan régulier du système qualité et déclencher les actions le cas échéant.

Les responsabilités autorités de chacun doivent être définies. Une communication qualité est mise en œuvre.

❏ Le troisième chapitre est centré sur le *management des ressources.*

Bien sûr, pour être efficace en matière de qualité, les ressources adéquates doivent être identifiées et mises à disposition. Plus particulièrement, les compétences doivent être identifiées, et assurées. Un plan de formation doit être défini, et surtout l'efficacité de ces formations sera vérifiée.

❏ Le quatrième chapitre est *celui des métiers.*

Le processus commercial doit assurer, qu'avant d'accepter une commande ou de proposer une offre aux clients, l'entreprise s'assure de sa capacité à répondre à leurs attentes.

La conception est au sens de la norme, planifiée, maîtrisée, validée.

Les achats évaluent, sélectionnent, suivent leurs fournisseurs pour garantir la conformité des produits achetés.

La production est maîtrisée, la traçabilité des produits assurée.

Les appareils de contrôles sont identifiés, gérés, étalonnés.

❏ Le cinquième chapitre garantit *la logique de mesure, d'analyse et d'amélioration.*

L'entreprise qui vise la certification doit mettre en œuvre des mesures de la satisfaction client, des audits internes, de la surveillance et de la mesure de ses produits et aussi de ses processus.

Elle assure en cas de dysfonctionnement la maîtrise de ses produits non conformes pour éviter que ceux-ci partent chez le client ou soient utilisés par erreur en interne. Elle analyse régulièrement toutes les données qualité disponibles internes et externes. Elle prouve sa capacité à déclencher des actions correctives et préventives en cas de besoin (suite à des dysfonctionnements, des non-conformités produit, des dérives d'objectifs).

Structure de la norme ISO 9001 (version 2000)
8 chapitres au total :

- Chapitre d'introduction
- Chapitre 1 : Domaine d'application

- Chapitre 2 : Référence normative
- Chapitre 3 : Termes et définitions
- Les chapitres 4 à 8 contiennent les exigences de la norme (voir dans le tableau ci-dessous).

ISO 9001 VERSION 2000
4. Système de management de la Qualité
4.1 Exigences générales
4.2 Exigences relatives à la documentation
5. Responsabilité de la Direction
5.1 Engagement de la Direction
5.2 Ecoute client
5.3 Politique qualité
5.4 Planification
5.5 Responsabilité, autorité et communication
5.6 Revue de Direction
6. Management des ressources
6.1 Mise à disposition des ressources
6.2 Ressources humaines
6.3 Infrastructures
6.4 Environnement de travail
7. Réalisation du produit
7.1 Planification de la réalisation du produit
7.2 Processus relatifs aux clients
7.3 Conception et développement
7.4 Achats
7.5 Production
7.6 Maîtrise des dispositifs de surveillance et de mesure
8. Mesure, analyse et amélioration
8.1 Généralités
8.2 Surveillance et mesure
8.3 Maîtrise du produit non conforme
8.4 Analyse des données
8.5 Amélioration

■ Idées reçues sur la Certification

La certification, la norme ISO 9001 font l'objet parfois de critiques. Elles ne sont pas toutes fondées mais elles ont le mérite d'apporter un regard objectif.

- Oui, le système est rigoureux et peut parfois être perçu comme contraignant; on fixe des règles et chacun doit les respecter.
- Non, la norme n'impose pas à l'entreprise la façon de s'organiser. Elle fixe des exigences à respecter, pas les solutions à mettre en place. (Exemple : vous devez évaluer vos fournisseurs. Charge à vous de définir votre méthode et vos critères).
- Oui, cela représente une charge financière. La certification coûte cher mais elle doit parallèlement vous permettre de baisser vos coûts de non-qualité.
- Non, on ne construit pas forcément d'usine à gaz. Chaque entreprise doit créer son système qualité en tenant compte de la complexité de ses activités et de son organisation. On peut être certifié sur la base d'un système simple.
- Oui, cela donne de la crédibilité et de la force en interne au plan de progrès car au final, celui-ci va être «validé» par un organisme certificateur.
- Non, la certification ne s'intéresse pas uniquement aux processus, une large part des audits de certification concerne la motivation et la participation du personnel, ses compétences et la communication dans l'entreprise.
- Oui, la norme ISO et la certification peuvent être des éléments clés d'une stratégie d'entreprise. Par rapport aux thèmes classiques du management des affaires, la certification basée sur la norme impose un centrage de l'entreprise sur ses clients, un management dynamique de ses ressources, un pilotage et une amélioration des processus : tous ces thèmes étant chers aux dirigeants d'entreprise qui souhaitent voir progresser leur société. En certification, qualité rime avec performance et efficacité avec résultats.
- Non, la certification n'est pas toujours la seule voie de la qualité. On peut manager la qualité sans viser forcément la certification. Celle-ci est au plus une étape dans une recherche permanente de performance.

■ Que faut-il démontrer pour être certifié?

L'entreprise doit démontrer sa capacité à satisfaire ses clients en s'appuyant sur un système qualité conforme aux exigences décrites dans la norme ISO 9001.

La certification ISO 9001 est délivrée par un organisme certificateur accrédité.

Le certificat est délivré après un audit complet du système qualité pour 3 ans avec des audits de suivi (plus légers) tous les ans (ou tous les 6 mois). L'équipe d'auditeurs de l'organisme certificateur va examiner pendant une durée variable selon la taille de l'entreprise, les composants du système qualité et s'assurer que la roue de l'amélioration continue (le fameux PDCA) tourne, que l'entreprise est en progrès continu.

Ils examinent à la fois l'existence d'une organisation qualité et l'existence d'objectifs et de plan d'action par processus, le tout cohérent avec la politique qualité.

Quelles sont les questions clés que se posent des auditeurs :

- La direction a-t-elle défini sa politique qualité?
- Est-elle un élément réellement moteur de la démarche?
- Cette politique est-elle connue et mise en œuvre?
- Les processus sont-ils décrits, surveillés, améliorés en permanence?
- Les indicateurs font-ils état de résultats satisfaisants? démontrent-ils la performance du système qualité?
- Les responsabilités en matière de qualité sont-elles définies?
- Le système documentaire est-il maîtrisé?
- Existe-t-il des enregistrements prouvant les actions de maîtrise et de progrès réalisées?
- Les attentes des clients sont-elles identifiées?
- La communication est-elle efficace au sein de l'entreprise?
- Le produit est-il contrôlé à des étapes et fréquences définies?
- Existe-t-il des plans d'actions pour atteindre les objectifs qualité fixés par la direction?
- Les compétences pour assurer la conformité des produits est-elle définie et assurée?
- Le personnel est-il formé? sensibilisé? informé?

- L'environnement de travail, les structures sont-ils satisfaisants ?
- Les processus commerciaux, de production, de conception, d'achats sont-ils sous contrôle et en amélioration permanente ?
- Les appareils de contrôle sont-ils identifiés ? étalonnés ?
- Mesure-t-on la satisfaction des clients ?
- Des audits internes permettent-ils de vérifier l'efficacité interne du système ?
- Déclenche-t-on à chaque fois en tant que de besoin des actions correctives et/ou préventives ?
- Globalement, a-t-on l'assurance que les activités de l'entreprise garantissent une efficacité du système de management en terme de satisfaction client et d'amélioration continue ?

Si vous avez mis en application les conseils donnés tout au long de ce livre, nous sommes persuadés que vous avez mis en place les bases solides à l'établissement d'un système qualité conforme aux exigences de la norme ISO 9001.

Au-delà de cet aspect normatif, nous sommes convaincus que les bénéfices tangibles de la démarche engagée seront au rendez-vous et vous inciteront à poursuivre la démarche. La qualité est pour nous une affaire de bon sens d'abord (le sens du client !), de méthode ensuite et enfin de créativité. Il vous reste maintenant à la dimensionner dans votre entreprise en fonction de vos ambitions, et à lui donner votre touche personnelle : vous, responsable qualité, dirigeants, managers !

En conclusion nos derniers conseils

❏ **L'implication des acteurs** dans l'élaboration du projet conditionne le succès de son application. Assurez une participation large en créant des groupes de travail courts et pertinents.

❏ **La communication** est comme le mythe de SYSIPHE. Sans cesse, il faut remonter le rocher. Investissez sur **l'animation** pour échapper à la routine.

La vitrine d'un commerçant avisé doit être renouvelée régulièrement faute de quoi, le regard du consommateur intégrera cela dans son quotidien. Faites vivre votre démarche au quotidien, soyez sur le terrain, pas dans votre bureau face à vos dossiers.

❏ Rien ne remplace **l'engagement de la direction.** Rien de durable ne pourra être obtenu si l'engagement de la direction est tiède. Si la direction n'est pas suffisamment engagée le bon moyen est de prendre les axes de la stratégie d'entreprise et de regarder comment le système qualité peut se mettre au service de la stratégie.

❏ **Créez-vous un réseau** : appuyez-vous sur des personnes que vous aurez identifiées comme ressources pour votre projet qui saurons vous conseiller utilement.

❏ **Positionnez-vous comme fournisseur** : allez voir les managers, demandez-leur ce qu'ils attendent de la démarche qualité, mettez-les en situation de client pour qu'ils s'engagent en terme d'exigences.

❏ **Choisissez au départ des objectifs simples,** réalistes, à forte chance de succès. C'est préférable de démarrer modestement et de communiquer ensuite sur la réussite de l'action !

❏ **Recentrez-vous toujours** sur le client. Tout doit partir du client (de ses attentes, de son expression de satisfaction ou d'insatisfaction, de ses remarques.) et tous les efforts de l'entreprise doivent converger vers les clients. C'est le principe de la valeur ajoutée client.

❏ **Faites la chasse à la sur-qualité** aussi bien qu'à la sous-qualité : les deux sont dangereuses. La démarche qualité vise à satisfaire le client et l'entreprise. Un des risques réside dans la mise en œuvre d'action sans valeur ajoutée pour le client et non rentable pour l'entreprise.

❏ **Ne restez pas isolé :** le poste de responsable qualité doit être un poste ouvert sur l'extérieur. Allez voir vos clients, discutez avec vos fournisseurs, échangez avec d'autres responsables qualité au travers de club ou de forums.

❏ **Faites de la qualité un projet séduisant** : la qualité est à la fois passionnante et enrichissante. Osez apporter votre marque personnelle en tenant compte bien sûr de la culture de l'entreprise. Ayez plaisir à exercer ce métier si riche par ces facettes et transmettez cet enthousiasme auprès de chaque collaborateur.
Donnez le sourire à vos clients, à votre direction et à chacun !